U0003304

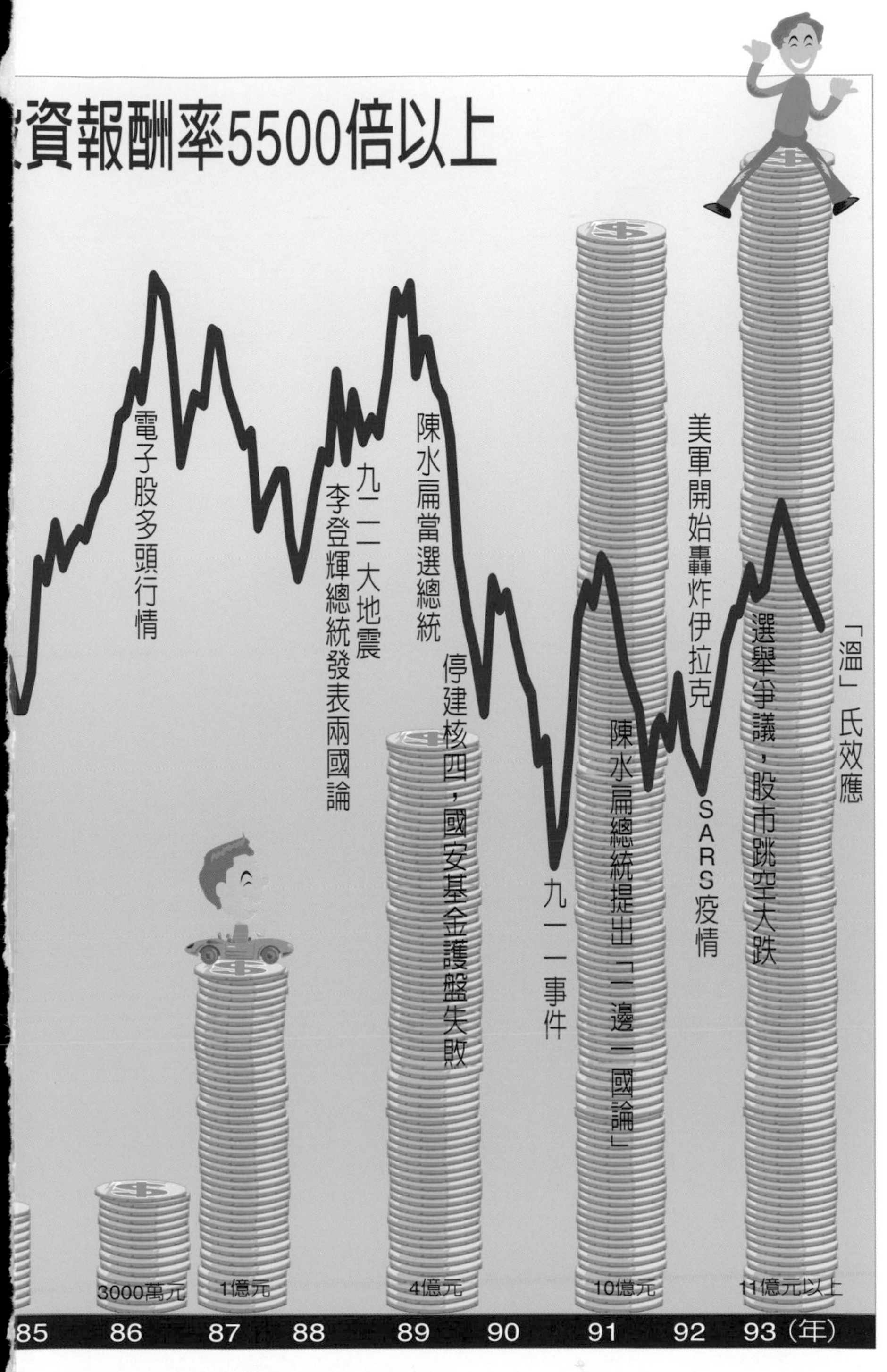

資報酬率5500倍以上
電子股多頭行情
李登輝總統發表兩國論
九二一大地震
陳水扁當選總統
停建核四，國安基金護盤失敗
九一一事件
陳水扁總統提出「一邊一國論」
美軍開始轟炸伊拉克
SARS疫情
選舉爭議，股市跳空大跌
「溫」氏效應
3000萬元
1億元
4億元
10億元
11億元以上
85
86
87
88
89
90
91
92
93（年）

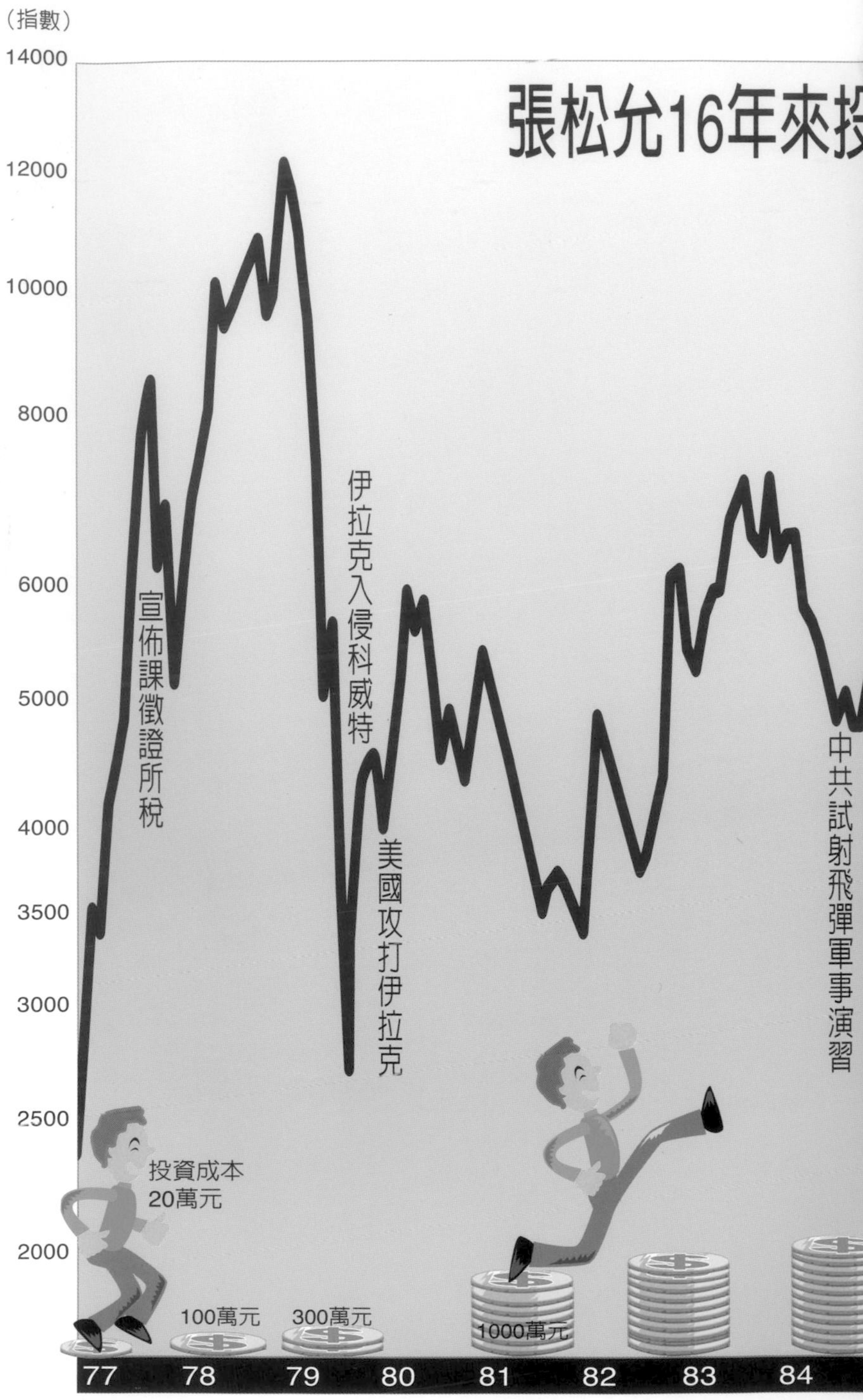

張松允16年來投
（指數）
14000
12000
10000
8000
6000
5000
4000
3500
3000
2500
2000
宣佈課徵證所稅
伊拉克入侵科威特
美國攻打伊拉克
中共試射飛彈軍事演習
投資成本
20萬元
100萬元
300萬元
1000萬元
77
78
79
80
81
82
83
84

BIG (Business, Idea & Growth) 系列希望與讀者共享的是：
●商業社會的動感●工作與生活的創意與突破●成長與成熟的借鏡

從20萬到10億

張松允的獨門投資術

作者—張松允
文字整理—馮志源&蔡沛恒

CONTENTS

〈推薦序〉贏家交易習性的重要觀摩

台灣股票市場的生態，於台指期貨上市之後發生重大變化，外資挾其大量的現金、股票部位，及縱橫全世界現貨與期貨互動的經驗，在台指期貨市場呼風喚雨，大賺期貨的錢。雖然外資如此神通廣大，但民國九十二年六月下旬至九十三年二月底，卻遭到國內特定勢力的痛擊，外資於此段期間幾乎把過去賺到的台指期貨財富輸光光！國安基金規模號稱五千億台幣，於八十九年八月進場護盤，但只有三個月就在現貨、期貨市場雙雙失利。國內的一般投資人於台指期貨市場，只要有六個月到一年的經驗，碰到一波大行情之後，幾乎有八〇%的人賠錢；一〇%剛入市場的人有賺到，但之後又把賺到的錢賠了回去，在沒有盈虧的情形下離開市場；只有另外一〇%的人是台指期貨真正的贏家。綜上所述，要成為台指期貨的贏家可說不容易。

筆者認識松允兄是於八十七年七月二十一日台指期貨掛牌交易時，當時他的財富只不過是幾千萬台幣而已，但隨後松允兄不斷在台指期貨市場淘金，可說是公司內傳奇的人物。筆者負責期貨商的經營，深知號召天下贏家於一堂的重要性，故於八十八年至九十一年舉辦了四次大型的期貨實戰交易競賽。松允兄在這四場大賽中均拔得頭籌，可見其在台指期貨市場的功力。筆者是松允兄如何從幾千萬元變成一億元，從一億元變成五億元，從五億元賺到十億元的見證者。快速賺進財富，是許多人共同的夢想，但有多少人能成真呢？松允兄的實例告訴我們，只要交易觀念正確，就可創造滿意的財富。

筆者喜歡稱松允兄是天生台指期貨贏家，因其個性與期貨贏家的規律是渾然天成的。筆者於盤中只要有空，就即時觀察眾多贏家如何因應盤勢變化，當然松允兄是我長期觀摩的首要對象。不預設立場多空，一切順勢而為，賠錢跑得快，贏錢要加碼，並做好嚴格的資金控管，大功即可告成。說得簡單，但平常人要能修練成上述交易習性，可說少之又少，畢竟「江山易改，本性難移」，人之所以為人，就是俱有人性，但人性往往與上述贏家規律背道而馳。

松允兄的《從20萬到10億》新書出版之際，邀筆者為之作序。謹以此序，感謝松允兄過去六年來的支持，並祝本書之讀者能由此成功個案，修練成贏家交易習性，則功德無量矣！

李文興

元大京華期貨總經理

〈自序〉驚濤駭浪時，沉著以對，等待下一次的出航

我喜歡看海，海浪一波一波滾滾而來，有如人生起伏，有漲潮有退潮。而股票市場也如大海波浪一樣有漲有跌，有時波濤洶湧，有時風平浪靜。波浪象徵大海的力量，所以在股海中若能順勢，就可順著海浪衝力，享受「衝浪」的樂趣，若硬要逆勢而為，很可能會被無情的大海所吞噬而慘遭滅頂。

股票市場之所以吸引人，在於它提供了人人均等的機會，不論學歷高低、年齡大小，大家的遊戲規則都一樣，不會因為學歷高就有優勢，年紀長就佔便宜，只要你擁有資金，就有機會翻身變成大富翁。我常把資金比喻成我的「武器」，有了「武器」就可在股市裡衝鋒陷陣，既刺激又有趣，但股市處處有陷阱，若不下一點苦工，可能很快就彈盡援絕。

其實講到股票最深層的是心理面，華爾街投資大師彼得．林區（Peter Lynch）

曾說：「決定投資人命運的既不是股票市場，也不是各上市公司，而是投資者本人。」「自己」才是最大的敵人，要下場前一定要衡量自己的「個性」與「能力」，找出適合自己的方法，是要攻擊還是要防守。我給上班族的建議是「等待機會」，因為一般上班族沒有時間看盤，因此最重要的便是掌握最佳出手點，像這幾年來有好幾次因非經濟因素而造成股市非理性下殺，往往就是最佳的買點，只要能夠克服恐懼的心理，反市場操作，短時間都可獲利兩成以上。

二十五歲時我自己訂定目標希望四十歲能賺到一億元，這個目標在三十歲就達成，而且更在股票的世界裡，打造了自己的十億人生。的確，靠股票致富並非絕對不可能，但那必須以很認真的態度和穩健的方法，堂堂正正地投資，並要能克服人性的弱點——貪婪與恐懼。這一點也許大家都知道，但真正能做到，並從股市賺到錢的又有幾人？

時報出版公司並不是第一個邀我寫傳記和投資策略的公司，先前就有許多人向我邀稿，但我一直不肯答應著書立作，因為我擔心這樣的故事公諸於世後，會讓很多人誤以為股市、期貨的錢很好賺而競相仿效，最後卻成為市場的犧牲者。

但是這些年來，有關我的報導紛紛出現，部分報導卻過於側重我財富的迅速累積，而鮮少談到身為一個投資人應有的正確態度，如果因此誤導大眾，造成別人傾家蕩產豈不禍及無辜？

因此我決定寫下自己的投資經驗，藉此告訴廣大的散戶朋友，要靠投資股票致富是件「幾近不可能」的事。投資股票必須以極認真的態度、相當穩健的方法才有機會成為可能。從我縱身股海十六年來，我幾乎不曾鬆懈過，就是因為深知市場沒有永遠的贏家、股市沒有不敗的神話，永遠保持一顆謙卑的心，因此勤於收集各種重要統計資料，每天詳加分析，然後從中判斷經濟可能的變化，這就是我的基本功課。尤其要對於市場各項原始的基本資料保持興趣，而不是光聽別人的分析、意見，才能成為市場的先知先覺者。即使是現在，我也是自己作國際情勢的分析和判斷，絕不仰賴他人，每天早上八點三十分就是我決斷大盤走勢的開始。

這幾年來由於市場參與者的結構改變，台股現在又有對沖基金的加入，以致對利空與利多反應常常過度，造成股市震盪激烈，散户「上漲時過度樂觀、下跌時又極度悲觀」，因而損失慘重。雖然說成功的經驗難以複製，但我仍樂於與投資人分享我的投資心路歷程與心得，更希望投資朋友能夠藉由本書悟出自己操作的方法，不在股海中浮浮沉沉。

最後，個人有幸在波亂的股海中生存下來，也亟思回饋這塊生養我的土地，此書未來的版稅將捐贈給慈善團體。取之於社會，用之於社會，是資本家最終的使命。

〈前言〉與自己競賽的事業生涯

收拾起行囊，我帶著專業操盤團隊前往襄陽路上的富邦期貨，伴隨著車水馬龍與綿綿梅雨，空氣中多了那麼一陣淡淡的盛夏氛圍。走進入偌大的辦公室中，面對斗大的電視牆，除了繼續著十六年如一日的投資生涯外，我也開始建立自己的絕佳操盤團隊，朝三十億元的人生新目標邁進。

十六年前，我只是一個來自彰化鄉下的小毛頭，身無長物，沒有任何家世背景，靠著僅有的二十萬元，以及堅毅無比的上進心，日復一日在這場金錢遊戲中打滾。我知道只有這個地方才可以靠自己眞正的本事出人頭地，才能創造不同於一般職場人生的專屬財富，所以我不顧世俗的眼光，從一個小散戶，到專業投資人，營業員，元大期經公司，再到富邦期貨，這些經歷都伴隨我的光榮戰役成爲投資人口耳相傳的傳奇。

大部分的人都會特別注意我的身價高低，坦白說，這些對我而言只是數字的變化。君子愛財，取之有道，錢不是萬能，但沒有錢卻是萬萬不能，圓顱方趾的普羅大衆，庸庸碌碌一生，最終目的不就是爲了追求一個幸福美滿的生活？只是這十六年來，我看過太多過於貪婪和恐懼的投資人，在每一個關鍵時刻失去了心中那把應有的量尺，前仆後繼卻葬身股海，於是我決定將自己投資技巧、經驗與心法提供更多的散戶分享，讓散戶擺脫追漲殺跌、贏小虧大的輪迴宿命，避免有更多散戶繼續走不該走的冤枉路與不歸路，也不要靠繳學費來累積經驗。

回憶起剛踏進這個市場時，一位老前輩曾對我吐露二句箴言，「投資究竟是爲了抱更多股票，還是爲了抱更多現金？」絕對沒有人是想要抱更多股票的，九九%的人都是想要大贏一場，抱走現金的，正因爲如此，又何必要和股票談戀愛呢？有花堪折直須折，趨勢出現了，該多就多，該空就空，絕對沒有任何閃躲與搪塞的理由。

人的前半生，不要猶豫，人的後半生，不要後悔。只要你想飛，擋在面前的那堵牆就一定會比你低，每個人都可以創造屬於自己的億元人生，可是大部分的投資人總是不得其門而入，就是因爲沒有堅持正確的操作心法。人不是神，任何操作也都會有出現失誤的時候，如何在每一次的恐慌危機與心理壓力下找出掙脫險境的祕道，就是決定投資的最後之路，究竟是朝向凱旋門還是步向滑鐵盧的關鍵所在。

股票操作是買和賣，是自己和自己比賽，我常利用《易經》中「不易」、「簡易」及「變易」的觀念，把天地自然的現象融入操作心法，面對市場的狂熱與恐懼，「不要試著去折彎湯匙，因爲湯匙是不存在的。」眼前的現象很多都只是假象，要跳脫市場情緒，不斷砥礪自己，挑戰自我，超越自我，隨時都用更高的目標激勵自己的鬥志，永不滿足，毫不懈怠，絕不怯懦，始終保持堅定的鬥志，讓賺錢像開法拉利，賠錢就像拉老牛車。

我曾經因爲看好一家新上櫃公司，不知不覺就買了三%的股權，甚至比公司的董監事持股比例還高，這家公司老闆以爲我要介入經營權，邀請我去看公司「喝咖啡」，不看還好，看了反而覺得沒有投資價值，於是隔天就反手出清手中所有持股。操作就應該是這麼靈活且富有彈性，過去我也曾開放很多人一起「跟單」，卻沒有人因爲跟了我的單而賺到大錢，每個人的投資技巧都是無法「拷貝」的，只有認淸自己，順著正確的心法建立屬於自己的操作策略，才能掌握機會，賺取比別人更多的利潤，在每一次的危機中，化險爲夷，進而反敗爲勝。

夢想不能等待，除了公開我的操作心法外，我也爲自己的人生定下了新的目標，除了在富邦期貨延續投資之路外，我也計劃嘗試去經營一家公司，找志同道合的戰友，彼此切磋琢磨，激盪出更多的火花，建立一個充滿無限可能的世界。

我打開電腦，腦海中開始浮現出《駭客任務》電影中的「母體」(Matrix)，頑強的「史密斯」瞬間化成零與一的排列組合，一排排的個股矗立在前上下跳動，金融的「錫安城」，就在趨勢、多空、個股、期指與選擇權，循環不停……。

第一章

十億元的致富傳奇

我的投資致富之道沒有艱澀難懂的理論，

也不需要當「線仙」，

畫一堆「線」來折騰自己，

我的投資心法很簡單，就是

「順勢操作，多空皆宜，資金控管，克服心魔」這四個原則。

「投資致富之道爲何？」一直是古今中外談論不休的長青話題。我進入股票市場已經有十六年了，回顧這十六年來，台灣股市發生的每一個關鍵大事，我都有幸參與其中，舉凡前財政部長郭婉容宣布課徵證所稅、股市首次上萬點、伊拉克入侵科威特、第一次美伊戰爭、台海危機、電子股多頭時代、亞洲金融風暴、九二一大地震、第一次政黨輪替、政府宣布停建核四、國安基金護盤失敗、美國九一一恐怖攻擊、SARS疫情，以及民國九十三年的總統大選政治危機、中國宏觀調控等。在這些驚濤駭浪中，我的財富從最初的二十萬元累積到現在超過十億元，這樣的財富累積過程，幾乎可算是一部台股的活歷史。

眞正的投資之道，不該有過多艱澀難懂的理論基礎，也不需要去當個「線仙」，畫一堆無字天「線」，折騰自己。我的投資心法只有「**順勢操作，多空皆宜，資金控管，克服心魔**」這四個原則，利用股票、指數期貨及選擇權等各種金融商品的交互搭配，找尋合適時點切入。而且這四大投資心法放諸四海皆準，不論是古今中外、男女老幼，只要每個投資人眞的讀通了這些觀念，一定也能創造屬於自己的「億元人生」。

驚爆的三二〇總統大選

三月二十日晚上我打開電視，本想看看民國九十三年總統大選最後開票結果，結果出乎全市場意料的是，連宋竟然以不到三萬票的差距敗給扁呂，更令人跌破眼鏡的是，連宋並未放棄任何扭轉乾坤的機會，不只沒有宣布敗選認輸，還提起「選舉無效之訴」。聽到這句話，我每一條敏感的投資神經瞬間都站了起來，心想，毀了，兩顆子彈，一場政治風暴，族群的撕裂對立，一連串的政治核彈，對於選後三月二十二日開盤的台股恐怕是凶多吉少。

和四年前總統大選後的股市風暴一樣，台股選後第一天又面臨無量重挫的窘境，好幾個股民朋友無奈地和我抱怨，「連宋可以提選舉無效之訴，我們這些無辜的股民是不是也可以提出台股開盤無效之訴？」這句話道出了散戶的無奈，讓我想起ＩＮＧ安泰人壽的那句廣告詞：「世事難料，對人要更好。」我讀著報紙，心裡想著，投資人實在太恐慌了，其實這種不理性的殺盤，絕對是進場搶便宜的好時機，而不是追殺股票的時候！

總結新聞中的報導，還眞是「駭人聽聞」，顯露出過度的恐慌：

●外資下達減碼令，本土法人基金贖回賣壓不小，三大法人狂砍四百億元。

台股昨日自一灘死水中回復生氣，滿手股票來不及砍倉的三大法人，昨日狂賣台股近四百億元，創史上新高紀錄。其中外資賣超近一百九十五億元，投信賣超近八十九億元，自營商更賣超近一百一十二億元。法人圈指出，三大法人「奪門而出」，總統大選所衍生的市場衝擊仍方興未艾。

●大選擺中間，私情放一邊，親子不合、朋友反目、情侶鬧翻戲碼不斷上演……選舉情緒延燒，對立氣氛難消。

●台股本週市值蒸發一兆四千億元，每位股民平均損失二十萬元，期貨投資人虧光本金還得追繳。

碰上這次「政治空襲」的股民，損失究竟有多慘重？台股單週跌幅超過一成，整體市值瞬間蒸發一兆四千億元，七百萬股民平均每人損失二十萬元。投機股太危險？那麼抱牢績優股吧，結果連聯電、台積電連續拉出兩根跌停，長期投資者也討不到便宜。

●選前壓寶選後傷心，期貨投資散客慘賠，逾億資金全投入，風險未控管，三二○後

股票狂跌兩天，保證金被追繳，還遭斷頭殺出，只能無語問蒼天……

總統大選的政治爭議，導致台股選後連續二日狂挫，期貨市場更面臨前所未有的跌停危機，國內某大型期貨商一名劉姓散户向媒體爆料指出，選前看好連宋當選，壓寶近七千萬元於台期指多頭部位，選後短短兩天被期貨商無情斷頭，最後不僅血本無歸，還倒欠期貨商四千萬元，累計慘賠逾一億元，是目前市場上單一散户選後虧損最大的案例。

看到這些報導，大部分的散戶投資人絕對是嚇得連魂都沒了。選舉的結果與台股的暴跌（參閱圖1.1），雖然和市場原本的預期落差很大，我的期貨操作也因此被追繳了兩億元以上的保證金，可是我並沒有因此而感到恐慌，反而像隻老鷹，積極尋覓可以出現超額利潤的機會。其實我的想法很簡單，既然要在股票市場中打滾，每個人當然都想要賺錢，想要致富，那麼就應該保持冷靜，做好資金控管，愈能冷靜，才能在這種激烈的恐慌性殺盤中逮到契機！如果只是在整個市場興奮的時候跟著激情，恐慌的時候跟著追殺，這種追漲殺跌的操作方式絕對賺不了大錢。

圖 1.1　上市加權歷史走勢圖

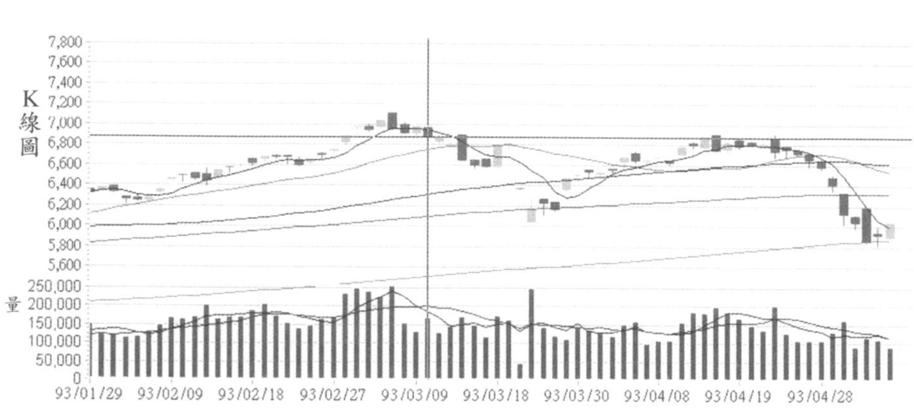

財富累積不是靠複利

很多理財高手談致富之道時，很喜歡引用「複利」加乘的觀念，認為只要每一年投資報酬率能達一五％以上，五年後本金就會變成原來的兩倍，十年後就是原來的四倍，經過每一年時間的加持，很快就能出現十倍甚或百倍的投資報酬率。我的看法和這些理財高手不同，我的觀念是，**財富的累積應該是全面加快賺錢的速度，減低賠錢的速度與機率，並著重投資操作賺錢的重力加速度，而不是求一個平均投資報酬率**。沒有一個投資工具或金融商品可以保證每年穩定獲利，固定的年投資報酬率大部分是建立在多頭的環境與成功的操作，諸多客觀條件缺一不可，但誰又能保證每一次的操作都沒有任何閃失呢？所以，只有在機會來臨的時候全速獲利，這樣累積財富的速度才會又快又猛。

一般的散戶之所以無法累積財富，就是「賺錢的速度太慢，賠錢的速度太快」。該衝的時候不衝，怕東怕西，而失去賺取大波段行情的機會；但是該忍的時候又沒能忍住，一味地「衝衝衝」，最後衝過了頭，尤其是九十三年的總統大選前後，散戶就像洗了好幾回三溫暖，從興奮莫名，到萬分失落，再到歡聲雷動，一個月當中來回的震盪幅度就超過一千點，可是大部分散戶投資人的荷包並沒有因此增加，只有跟著縮水的份。

財富累積靠自己

有人問我現在的身價有多少？從一開始僅有的二十萬元，經過十多年的來回打轉，掌握每一次賺錢的機會，十六年來，總共累積了超過十億元的資產，投資報酬率高達五千五百倍。這個數字看起來嚇人，可是我想強調的並不是數字的變化，而是要讓投資人知道，任何的成功絕不是偶然的。我從來沒有向父母親伸手要求過一分一毫，每一分財富都是靠自己一點一滴掙來的，我和其他散戶朋友一樣，沒有顯赫的家世背景，只有一顆對數字敏銳的頭腦，加上比一般人更爲堅守紀律，並且搭配嚴格的資金控管，把賺錢的速度加快，賠錢的速度降低，久而久之，財富就這樣累積出來了。

與股票結緣，看正新輪胎上市

談到與股票結緣，還眞的只是一個偶然的巧合。我是彰化鄉下土生土長的小孩，在投資風氣尚未普及的年代，連什麼是「股票」都不懂，當兵出社會之前，從來也沒想過會進入投資股票這個行業。民國七十六年，因爲正新輪胎（2105）以每股四十元掛牌上市，正新的公司就在我家附近，很多鄰居朋友也都在這家公司上班，所以正新的掛牌上市，在家鄉就自然而然演變成一樁大事，當時還是個大頭兵的我也忍不住關心起來。

正新上市之後，我看著它的股價在黑板上每天被「紅框框」包圍起來，沒多久就攻上五十元，再過一個禮拜，變成六十元，一個月左右不到的時間，只要擁有一張正新股票，就能「平白無故」地多賺了兩萬元，這個數目可是當時上班族一個月的薪水哩。那時我心想著，「天底下哪有這麼好康的事情？」但它眞的發生了，於是我開始想像要是能把二十萬元的存款換成正新股票，那該有多好。

不只是正新，後來我也注意到很多股票掛牌之後，都莫明其妙地漲了好幾倍。這個現象燃起了我全身每一寸細胞和每一根交感神經的熱情，股票市場眞的是一個迷人的所在，「投資一個月可以抵半年薪水」，這種致命的吸引力實在太刺激了。後來只要軍中一放假，我就會北上台北，直接到館前路附近的券商去體驗股票的神奇與熱情。

興沖沖跑去開戶，卻被拒絕

民國七十七年之前，全台灣大概只有二十多家證券商，個人擁有一個股票交易帳戶可說是尊貴的象徵，要是沒有門路，沒有熟人介紹，想要開戶還眞的難如登天，不像現在這麼普遍。民國七十七年八月，我找了一天休假的空檔，身上揹著二十萬元的現金，興沖沖地跑到台北市館前路的仁信證券開戶，一踏進仁信證券，居然因爲沒有介紹人，被狠狠地拒絕辦理開戶。趁興而來卻敗興而歸，連開戶都被拒絕，我心裡當然是相當難過，後來隔了兩三個月，一天下午，我看到重慶南路上的永霖證券（日盛證券前身）門口堆滿花圈、花籃，大門上貼著「投資講座，歡迎入內」的宣傳告示，敏感的我立刻被吸引進去。才剛走進大廳，就有一位服務小姐親切地詢問我要不要開戶。「我沒有介紹人耶！」我很老實地回答她，沒想到她竟然說，「沒問題，我可以當你的介紹人啊！」當時的她就好像一個天使一樣，拯救了在投資路上一度沮喪的我，幫助我開了人生第一個證券戶，開始漫漫的投資生涯。

股票投資大有學問

我那時雖然才剛滿二十一歲，除了當兵、打工，根本沒有任何正式的工作經驗和專業背景，但或許是我的工科背景，讓我有比一般人更敏銳的數字觀念，閃過腦海的每一檔股票價位、漲跌幅、K線圖，樣樣都難不倒我，然而親自下海買股票卻完全不是這麼回事。第一次買股票時，我買了大同、聲寶這些股票，買進後股價卻不動如山，和我預期的不一樣，我不禁納悶地問自己，「怎麼自己買的股票都不動？別人的倒是猛漲？」我後來才知道，股票投資可是大有學問，不只要研究基本面，技術面、籌碼面也都要能了解才行，所以我便下定決心要埋頭苦讀作功課，從產業的上下游、同類股的比較、國際股市的連動，到市場脈動的掌握，練就了一些功夫後，買股票才慢慢開始有了對的感覺，很快就能得心應手。

初生之犢不畏虎

金融股是民國七十年代最熱門的族群，當時的國泰人壽、中華開發、三商銀，檔檔都是三位數的驚人股價，國壽曾創下一千九百七十五元的駭人天價，開發金也有一千零七十五元，讓很多投資人都只能遠觀而不能褻玩焉。民國七十七年前財政部長郭婉容宣布要課徵證所稅，我看著台股連續無量下跌二十一天，一直到五千六百點才止跌。現在回憶起來，也許是初生之犢不畏虎吧，我那時並沒有特別害怕或悲觀的感覺，反而認為是絕佳的進場時點，就好像百貨公司跳樓大拍賣的時候，正好可以大肆採購一番。可是巧婦難為無米之炊，儘管想投資卻沒有本錢，於是我鼓起勇氣，開口向老爸借錢要買股票，老人家聽完之後，當面斥責：「不行，買什麼股票？什麼不學去學人搏ㄍㄧㄠˋ？少年家，還是去做幾掛正當ㄟ代誌。」

初嚐投資的甜美滋味

被老爸斷了買股票的念頭後，只能自力救濟了。可是當大頭兵的時候，不可能抽出時間天天看盤，一直到民國七十八年初正式退伍，爲了專心賺錢，我下定決心要做個全職的投資人，除了每天三個小時看著股海翻騰，在號子裡殺進殺出之外，十二點收盤後，我還會去旁聽投資講座，後來聽到幾個分析師介紹光寶時，說這家公司生產計算機，前景一片光明，業績好到不行……當時不太了解是眞的還是假的，可是我看光寶股價不貴，每股也才二十幾塊錢而已，於是就毅然決然把所有的錢都投進去，買了十張光寶股票。

買了光寶以後，當時因爲要回彰化老家幫忙處理一些事情，前前後後有一個多月的時間沒去觀察它的股價走勢，等我想起來的時候，「哇！我的光寶已經漲到快四十塊錢了，不到兩個月就賺了一倍耶！心中只有一個爽字了得。」當時一個剛退伍的年輕小夥子，每個月薪水也不過兩萬多元，可是我只是買了一檔股票，兩個多月就賺了人家一年的薪水，我心想，要是我的本金再厚實一點，再多買一點股票，那麼投資報酬不是很嚇人？這是我第一次投資股票大賺的經驗，也是我第一次嚐到投資股票的甜美滋味。

殺進殺出，抓龜走鱉

無緣無故賺了二十萬元，雖然讓我暗自竊喜，不過太早成功對我來說並不是件好事，滿腦子只想要仿照光寶模式，希望黑板上每一檔股票都能大漲個好幾倍，常常沒作基本面研究就殺進殺出。結果大盤在七十八年初一路從四千多點漲到八千多點，可是我的錢最後還是維持在四十萬元，儘管指數漲了一倍，我的財富卻連一丁點也沒增加，我發現這種追漲殺跌的投資方式，是無法累積財富的，於是我深刻反省，決定要徹底改正這種錯誤的投資策略。

我反省的第一個地方，就是**進出過於頻繁，錯失波段行情**。買這個也好，買那個也好的菜籃族心理，往往讓火力不夠集中，不僅常常三心二意，殺進殺出的結果，無形中還因此墊高交易成本，眞的買到好股票的時候，往往也沒耐心抱住賺足波段，是標準的「抓龜走鱉」。有一次，一個朋友說要請客作東，因爲我推薦給他的股票大漲，讓他賺了大錢，他也同時向我道賀，而我卻只有苦笑的份。因爲頻繁換股的結果，讓我抱不住好股票，結果人家賺大錢，我只能在旁捶心肝，而且賺的都是小錢，拿來繳交易稅都還不太夠。

挑龍頭指標股就對了

除了換股過於頻繁之外，另一個大毛病，就是**沒選龍頭指標股，反而選了次等的補漲**

圖 1.2　上市加權歷史走勢圖

股。我當時有個錯誤的心態，認爲龍頭股起漲了，在不追高的原則下，應該去挑其他同類型的股票，才有補漲的機會。可是這個觀念是徹頭徹尾的錯了，因爲同類型的補漲股雖然會跟著龍頭股動，但是龍頭股不漲的時候，補漲股往往也漲不到哪裡去，只要行情一回檔，「漲時重勢跌時重質」，補漲股一定會領先回跌，這種漲沒份、跌卻有份的股票，不是眞正能讓你賺大錢的股票。所以我後來明白，「買股票一定要買最強的龍頭股，絕對不要買落後補漲股」。以金融股爲例，現在就要買國泰金、台新金、新光金，不要去挑東企那些補漲股，面板股當然是友達、奇美電，DRAM股就以力晶爲上上選。

於是我要求自己縮小投資標的，留倉的股票最多不超過五檔，不要想買青菜又買蘿蔔，而且一定只挑最強的指標股。一轉換投資心態之後，果然眞的開始賺錢了，後來指數一路由八千點攻上一萬兩千點（參閱圖1.2），我的財富也從四十萬元成長到一百萬元。

空頭市場順勢作空

財富累積到百萬身價的那個時期，是我操作生涯中很重要的一個分水嶺，因爲我觀察到盤面的氣氛不太對勁，以前大飆特飆的股票都漲不動了，盤面上漲的，都是一些沒沒無聞的投機股。而大部分的股票要不是開高走低，就是無緣無故大跌，和以前怎麼買怎麼賺的時候出現極明顯的落差，這時我才眞正體認到，空頭市場來了。

多頭市場往上作多容易賺錢，而空頭市場理論上當然要往下作空，才能賺得到錢，可是說得容易，作起來可是相當不簡單，因爲作多作習慣了，要和經驗法則違背，的確是一個很大的挑戰。一開始我也是膽顫心驚，很多人還跟我力勸說，「人家都買漲，就你看壞，什麼不好作，偏偏要作空，要是股票因爲被你放空而跌了，你的罪過豈不是很大？」這些話聽起來很沈重，但我認爲，趨勢的力量是不可違逆的，市場趨勢往下，逆勢作多豈不是螳臂擋車？買股票哪有只管漲不管跌的，而且觀察過去台股的歷史走勢，台股於民國

圖 1.3　1210 大成歷史走勢圖

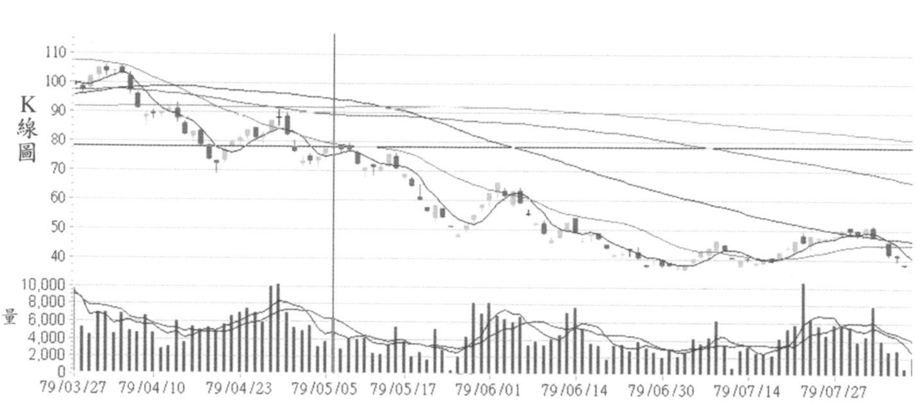

六十六年漲到八百多點，又回跌至四百多點，七十六年也從四千多點回跌到兩千多點，每一次多頭行情之後，一定是伴隨著空頭行情而來，因此只有順勢操作才是正確的操作方式。

空頭市場來臨之後，很多股票跌的速度比漲的速度還嚇人。市場經驗告訴我們，股票下跌的速度往往大於上漲的速度，原因是恐懼造成恐慌性反應，很多股票好不容易漲了二、三個月，不到一個月的時間就全部跌光光了。我第一檔作空的股票是食品股的大成（1210），當時大成股價還有一百多元，一直跌到三十多元才陸續回補（參閱圖1.3）。短短一年的時間，我還陸陸續續順著趨勢作空不少股票，民國七十九年底的時候，我的財富從一百萬元再增加到三百萬元，這些都是拜空頭市場所賜。

貪婪的夢魘

操作一路坦順的我，不知不覺卻開始陷入一個充滿危殆的陷阱。被歸類爲輪胎股的泰豐，工廠位在中壢的高速公路交流道與縱貫路上，地段交通十分便利，土地面積又高達五萬七千九百五十三坪。由於泰豐逐年將生產線移往大陸，國內實際所需要的廠房面積不大，加上政府鼓勵土地開發，泰豐的資產想像題材油然而生。

泰豐持有土地成本不到三億五千萬元，當時市場吹噓，若開發爲休閒餐飲、電影院、運動俱樂部及購物中心等多功能生活商業廣場來計算，完全開發的潛在獲利就高達一百億元以上。這對股本僅有二十六億元的泰豐而言，每年一股配一股，連續發放好幾年都還有剩，哪裡去找本益比這麼低的股票？而且當時泰豐的籌碼已被主力盯上，想必又是一連串的飆漲。就在這種貪婪的心態下，經驗不足的我便忍不住跳下去買了泰豐，想不到這卻是一場夢魘的開始。

持有泰豐以後，泰豐股價並沒有如我想像的出現大幅飆漲，反而開始無量跌停。心中第一個疑問是：「奈ㄟ安呢？」接下來就是從一連串的疑問轉爲恐懼，因爲我發現即使想掛跌停砍掉，都還砍不掉。當時是融資買進的，每天開盤前就掛賣單，無奈成交張數都是個位數，只能眼睜睜地看著股票被鎖死賣不出去。這是我第一次在股票市場感到恐懼，每天都是茶不思，飯不想，「到底什麼時候才賣得掉啊！」眞的欲哭無淚……

連續跌了將近十根跌停，好不容易才把泰豐賣掉，帳面上的虧損卻已經超過一百萬元。後來泰豐出現反彈，我也毫不客氣地反向放空泰豐，雖然獲利幅度不大，卻也算是報了一箭之仇，直到現在，有時回想起來，身上每個毛細孔都會不由自主緊縮起來，令人毛骨悚然。從此我下定決心再也不碰主力股，面對利空，也逐漸能夠克服心中恐懼，在每一次的利空中都能臨危不亂。

美伊戰爭後，利空出盡重新翻多

西元一九九〇年（民國七十九年）八月伊拉克入侵科威特，世界大戰一觸即發，當時股市極度恐慌，一度還跌到只剩兩千多點，我也依照判斷一路作空（參閱圖1.4）。美國於一九九一年初率各國聯軍攻打伊拉克，美伊戰爭爆發之後，台股當天開盤也出現暴跌，很多股票都出現跌停；可是沒多久，指標股陸續敲開跌停，我心想，市場消息這麼空，但黑

圖 1.4　上市加權歷史走勢圖

板上的反應卻不是這樣，大盤利空不跌，很有可能是落底的跡象。於是我當下先回補空單，反手作多，沒想到尾盤眞的很多股票都開低走高，全面大漲。後來黃金價格也從每盎司四百多美元一路重挫，代表避險的黃金價格走軟，顯示發生世界大戰的機率降低了，既然市場潛在利空消失了，當然只有偏多的道理。我的財富也在這段時間出現倍數的驚人成長，短短一年的時間由三百萬元大幅成長到一千萬元。

坦白說，學會作空之後，的確比較能感受到市場的眞正脈動。我認爲操作一定要靈活，絕對不能像僵屍一樣死板板的，很多投資人都把「投資」想得太複雜，其實投資就是買和賣兩種動作而已，作多容易賺錢，就一直作多，作多不容易賺錢，反而容易賠錢的時候，就要反過來作空。只要你尊重市場，順勢操作，最後一定是錢追著你跑，而不是你追著錢跑。

盤整期多看少作

美國攻打伊拉克後，雖然出現一波急漲行情，不過後來台股於民國八十一年到八十六年間，出現過去極罕見的「雞肋行情」，食知無味，棄之可惜，陷入極長一段時間的大盤整。在作多也不是，作空也不是的尷尬情況下，我選擇退出觀望，只有少部分的資金在市場來回操作，重新等待進場的機會。大部分時間我都是多看少作，但是在正確的操作觀念引導下，我的財富在這五年間也從一千萬元成長到三千萬元。

莎呦娜啦，融資

財富累積到三千萬元之後，因爲投資部位變得比較大，所以我在投資策略上作了一個很重要的決定，那就是不再融資買進股票，以降低投資風險。爲什麼要放棄融資買股票呢？這樣不是會降低賺錢的速度嗎？這句話只說對了一半，我的觀念是，剛開始因爲投入的本金很少，累積資本是最辛苦的，因此可透過融資來進行操作；可是累積資本到一定程度之後，就不能不顧慮到風險的問題。比方說，我的財富累積到三千萬元時，三千萬元和六千萬元都是千萬級的，二者差別感覺並不大，可是三千萬元和零的感覺可就差很多了，爲了避免因爲操作失誤所帶來的風險，所以我買股票開始用現股買進，而不再使用融資。

不接單的營業員

當了好幾年的散戶投資人之後，民國八十六年我剛滿三十歲，有一天晚上我作夢，夢裡兒子問我說：「爸爸，你在哪裡上班？你的工作是什麼？老師要我們寫作文『我的爸爸』。」我突然驚覺到還眞的沒辦法回答！總不能跟小孩子說「我是在做股票的」吧！爲了給家裡一個交待，於是我正式加入元富證券擔任營業員，這算是我人生中第一個「正當」的工作，至少以後我還拿得出名片，對我的孩子說：「爸爸是元富證券的襄理喔。」

當營業員除了給家裡一個交待之外，另外一個最重要的理由就是要能「即時下單」。因爲在電子股剛剛崛起、風起雲湧的時期，很多投資人一大早趕到號子就是要排隊下單買電子股，我若是擠在一票散戶中下單，常買或賣不到我想要的股票與價位，可是在殺進殺出的過程中，時機（Timing）的掌握很重要，只有在第一時間領先別人買進或賣出股票，才能卡到最佳的戰略位置，獲利才會比別人多，損失才會比別人少。而下單想要領先市場，就只有當營業員一途，這樣不僅可以在最快的時間內搶單，還能參與公司會議，訊息比較多，也能直接感受到市場丟什麼單、進什麼貨，盤後更可以看到大戶的報表，是一兼二顧，摸蛤仔兼洗褲的事。

擔任證券營業員之前，我只是個散戶投資人，早盤八點半就定位，十二點收盤就離開了，生活過得比較簡單，朋友也不多。而且坦白說，只單純做一個全職的投資人和每天提著菜籃去號子的歐巴桑好像沒什麼兩樣，感覺總是怪怪的。可是營業員不同，不僅同時可以保有投資人的角色，又能兼負證券公司員工的角色，「感覺更專業」。但我加入元富證券當營業員時，一開始就和老闆達成協議，我是「不接單」的，聽來好像很怪，主要是因為我自己的部位不小，無暇兼顧其他散戶的下單，而且我自己操作的部位也足以支持所需的業績了。後來有一票慕名而來的散戶指定找我下單，我礙於分身乏術都一一婉拒，久而久之大家就習以為常，業界也都知道元富有一個「不接單的營業員」。

當了營業員之後，才知道散戶真的是千奇百怪，無奇不有。曾經有一個阿伯抱著一堆鈔票來到營業大廳，開門見山就說要買股票，問他：「要買哪一支？」他只說：「我要買被紅框框起來的股票。」還有的投資人不知道股票名稱，就指定黑板上第幾排第幾列的股票，下單方式都是土法煉鋼。

可能是因爲我的操作方式獲利表現還不錯，在不接其他散戶單的情況下，一天的總成交量就有兩、三千萬元，業績直衝分公司第一，不久後又衝上全元富的第一。許多投資人開始好奇，每天都想打探我下了什麼單？而我也抱持著開放的態度，大方地直接告訴他們我的投資組合，並且鼓勵他們一起來跟單。也許眞的是「越誠實的話越沒有人願意相信」，像華碩、鴻海這些眞正的飆股反而沒有什麼人跟單。

「汰弱留強」提升績效

每當投資人問我該買什麼股票、台股後市如何時，我都據實以告，但時間久了，老實說還眞的滿傷腦筋的，爲了避免困擾，我乾脆公布我的私人帳號，讓任何有興趣的投資人打開電腦就可以直接看到我的操作明細。可是當我開誠布公之後，投資人好像還是「問心酸」的，眞的和我一起下單的並不多，大多數投資人還是挑自己喜歡的或是低價的股票進場，而湊巧的是，他們買的通常就是我小賠的股票。

有時候想想，投資這件事必須有一貫的想法及邏輯，而且要一以貫之。曾經有位投顧界的朋友透過管道指名要跟我的單，我一口答應，但他跟了幾天後發現我也是會虧損的，間接等於告訴大家，「我是人，不是神，也會有做錯看錯的時候」。於是他的投資策略竟然一百八十度完全大轉變，開始和我對作起來，剛開始時，他還眞的看對了好幾次，可是就在一次「大戰役」中，我大賺離場，他則是重傷出場。

跟了我的單卻賺不到錢，是大部分投資人最納悶的事，不過這當中的關鍵，主要還是因爲我的交易策略很靈活，交易標的廣泛，交易頻率也很密集，有時候一個早上三小時的交易金額就是上億元，檔數更可能有十多種到數十種之多。但我嚴設停損，一不對勁就出場，可能賠錢的個股很多，但每檔都是小賠數千元到數萬元不等，而少數幾檔個股是賺了好幾成以上的，因此加總下來，整體績效還是很好。

曾經有位投資朋友幫我試算每一百檔股票中賺錢與賠錢的比例，結果是五六：四四，也就是五十六檔賠錢，四十四檔賺錢，可見我的看法並不全然正確，但是只要是賠錢或看錯的股票，當天收盤前我會盡量全部停損，只保留看對的部位，也就是「汰弱留強」。相反的，**一般散戶投資人總是賣掉最賺錢的股票，把套牢的股票留著，結果就是惡性循環，**

投資績效也愈搞愈差。這便是重要的差異所在。

投資擂台結識同好

爲了刺激交投與券商業務，過去不少券商會設計一些投資競賽，吸引投資人參賽來打響公司知名度。民國八十六年我在元富證券擔任業務襄理任內，參加公司主辦的投資競賽，第一次參賽就得了冠軍，除了獎金的直接鼓勵之外，最大的收穫還是建立投資信心。

前前後後我一共參加了四次券商主辦的投資競賽，除了其中一次是第二名外，其他幾次都是冠軍，單是投資競賽的獎金就賺了一千萬元以上。而且強中自有強中手，在幾次的投資競賽中，我也結識了很多眞正的市場好手。或許是英雄所見略同，我發現這些高手的基本操作態度和心理建設都差不多，大家「互相漏氣求進步」，一次又一次的交流，操作技能就更爐火純青了。

後來券商舉辦投資競賽的次數明顯減少許多，寧願改在下單的手續費上作文章。可能是因爲券商發現獲勝的人總是那幾個熟面孔，再加上金控整併與空頭市場來臨，如今少了獲取這些「外快」和與高手相互切磋的機會，心中不免還是有些惆悵。

億元人生因電子股而展開

擔任元富證券營業員期間，是我另一個人生的重要轉捩點，因爲拜電子股多頭行情之賜，短短一年多，我的財富從原本的三千萬元一舉衝上一億元，成就我人生中第一個「億元人生」。台股也因此出現一波多頭漲勢，一度還攻到萬點大關，只是主流類股不再是過去的金融股，電子股正式堂而皇之地取代了金融股的地位。

當時的電子股到底有多熱？以華碩（2357）爲例（參閱第二章圖2.7），民國八十五年十一月以一百一十五元上市後，挾著主機板產業爲華碩帶來的高獲利與光明前景，華碩甫一掛牌就展開連漲十多根停板的蜜月行情，中途連開都沒開，一直攻上三百元後，漲停板才眞正打開。而外資在評估之後，認爲華碩潛力十足，也開始大幅加碼，於是華碩除完權後再次啓動二次蜜月行情，一路攻上八十六年年中的八百九十元。而且華碩當年還配發高達十五元股利，不到半年，華碩再度攻上七百八十元。不只華碩，當時每一檔電子股都很熱，而且只要除權就一定塡權，多頭行情非常的熱，很多人在這個時候都因爲「電子股」累積了可觀的財富。

圖 1.5　2317 鴻海歷史走勢圖

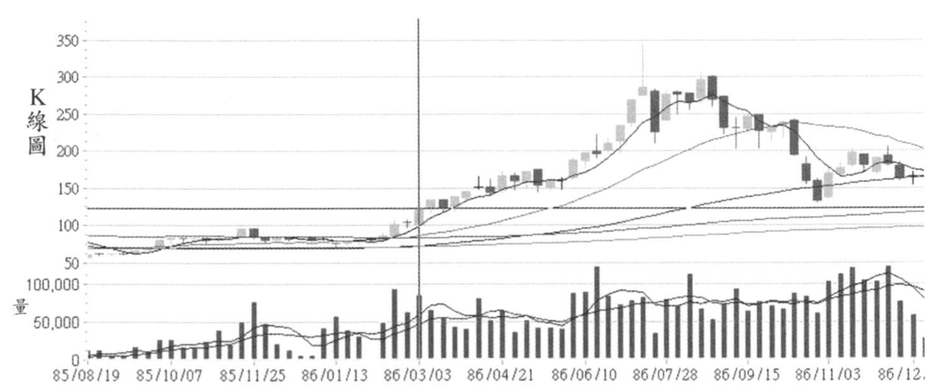

民國八十六年到八十七年間，電子股異軍突起，檔檔股價都超越過去動輒千百元股價的金融股，讓很多傳統投資人無法接受。除了華碩之外，鴻海於八十六年五月底，股價站上一百七十元（參閱圖1.5），正式超越金融股龍頭國泰人壽，很多投資人就批評，「鴻海才沒幾間工廠，股價漲到幾百塊，笑死人」。大部分投資人都不明白鴻海憑什麼漲得比國泰人壽還高，而忽略了電子產業蓬勃發展的多頭趨勢，但是後來每一檔電子股股價幾乎都超越國泰人壽，就連最低價的大眾電腦（2319），股價都逼近國泰人壽。電子股的市場認同度遠遠高過金融股，當時市場的投資觀念正式出現一場「工業革命」，而我的選股哲學也隨之大爲轉變。

不要說是一般營業大廳散戶，就連同一個營業大廳的同事營業員，也不太能認同我的選股哲學，在他們的觀念中，電子股只是擁有破舊廠房的接單「貿易商」，沒有土地、資產，更沒有產業前景，要超越金融股實在沒有道理。經常在營業大廳聽到同事相互咒罵好幾檔飆得很兇的電子股，「鴻海也能比國壽高？」、「大衆電腦股價也能破百元？」……

很多散戶朋友因爲過去傳統的印象，沒有辦法接受電子股超越金融股的事實，可是話說回來，所有個股都是從基本面的獲利角度評估，獲利高，產業前景自然就好，沒有捨棄投資的道理。市場沒有永遠的明星，股價會說明一切，投資人要是能愈早接受電子取代金融的新觀念，愈能提早賺到大錢。所以從民國八十六年開始的那一波電子大行情，跟上的人就是富貴逼人，沒跟上的也只能大嘆時不我予，可是後來這些「鐵齒」的人開始進場買進電子股的時候，台股已經登上萬點，開始進行反轉，這又是一般散戶無法擺脫的宿命。

說得更白一點，**投資選股不該有既定立場，只要是會賺錢的股票，就是好股票**。投資人來這個市場，就是要賺錢，什麼股票能賺錢，就應該積極擁抱，至於該抱金融、電子，還是傳產，都不重要。就像鄧小平說的貓論一樣，管牠是黑貓還是白貓，只要是會抓老鼠的就是好貓，都不要預設立場，預設立場只會妨礙投資的視野。

衣錦還鄉

我並不是一個很重視物質享受的人，三十歲以前，我都是還是坐公車上下班，賺到人生中第一個一億元之後，才決定買一台賓士車來犒賞自己。有一次開著新買的賓士車回彰化鄉下家中，我西裝筆挺，打開車門時，一腳爆亮的皮鞋踩在老家院子的地板上，鏗鏘有聲，我記得老爸老媽都嚇壞了，還以爲是哪個角頭老大來了。當他們知道我的成就之後，也覺得與有榮焉，雖然有些鄰居說我臭屁，但也不得不佩服我的本事。

後來我在家鄉買了塊土地，翻新老家祖厝，這是我第一次拿出賺來的錢幫忙家裡，改善家中的生活條件。雖然好像有點俗氣，但賺錢的最終目的不就是要改善自己和家人的生活嗎？所以我鼓勵所有的投資人，正確的投資操作觀念不僅能增加財富，對於生活品質的提升，更是最切身的效益。

見風駛舵獲利無窮

民國八十六年到八十八年，是台股流年不利的一段時期，幾乎每一年都會出「大代誌」。八十六年的亞洲金融風暴，索羅斯大舉襲捲泰國、香港等地股匯市，台股一下子爆出數十檔地雷股；八十七年的兩國論，台股漲上八千點後又被政治風暴打到五千四百多點；八十八年的九二一大地震，重創中台灣經濟神經中樞，內需股和金融股受傷慘重，鋼鐵、營建及金融股，檔檔幾乎都跌到骨頭裡面，電子股因爲以外銷爲主，影響程度反而較小。儘管這段時間震盪幅度很大，但只要選對了股票，還是能有很好的投資報酬。

空頭之後大多頭再啓

連續三年的大空頭市場之後，充滿不確定變數的千禧年，卻成爲台股另一波大多頭的開始，特別是九二一大地震後，台股跌到七千四百一十五點，我逢低承接不少股票，像是網路股的精業，ＩＣ設計的威盛，被動元件的華新科、國巨，這些股票之後都大漲特漲。這波大行情像極了民國八十六年的電子股多頭行情，台股飆上萬點大關，我則是一路順著多頭趨勢大買股票作多。當年的總統大選雖然一度讓行情快速降溫，台灣出現前所未有的政黨輪替，也讓全台陷入恐慌，但是多頭格局並未因爲單一的政治事件而終結，台股選後很快又重回萬點以上，我的財富再從一億元提升到了四億元。

恐怖攻擊擊倒全球股市

台股飆上一萬兩千點之後，全市場一片樂觀，甚至還有外資券商發表研究報告，喊出一萬五千點的天價，可是當時美股已經走軟，日股也開始回檔，全球股市只有台股逆勢挺在萬點之上。行情過熱的結果，果然在全市場最樂觀的時候出現逆轉，台股開始一路崩跌，中間陸續有國安基金護盤失敗及政府宣布停建核四等利空，湊巧的是，美國道瓊工業指數從一萬兩千點殺到七千多點，那斯達克（NASDAQ）指數更從五千點跌到一千多點，美國還發生舉世驚措不已的九一一恐怖攻擊，兩架飛機不只撞倒了紐約世貿大樓，還撞倒全球一「脫拉庫」股市，台股一舉跌到三千四百一十一點的歷史低點。

空頭市場再度出現，站在順勢操作的基本原則，我當然是不客氣地全面放空，特別是看了除權指標股精業除權行情失靈後，更堅定我趨勢向下的看法。於是我出脫手中所有個股，反向找了威盛、中環、錸德等指標股放空，結果我的財富在這段時間，不但沒有受到空頭市場洗禮，八十九年還從三億元一舉衝上五億元大關。

進軍期貨如魚得水

台灣政府於民國八十七年正式開放指數期貨交易。由於指數期貨單純抓趨勢，多空行情皆宜，以及以保證金進行高槓桿操作的特性，很適合喜歡短線進出的我，所以除了股票之外，我也開始搭配指數期貨擴大獲利來源。而當選擇權問市之後，多重的交易搭配更讓我的整個操作策略愈發靈活。

選擇權有買權，也有賣權，不僅可單方買進或賣出，作多作空都可以賺到大錢，即使行情不上不下，盤整待變時，也可利用買賣權作交叉組合，風險更能獲得充分控管。台股於民國九十一年從四千零四十四點攻上六千四百八十四點高點之後，由於景氣不如外界預期，股市又開始翻空，在美伊戰爭及SARS侵襲下，台股陷入冰點，不過這段時間我還是利用靈活的操作策略交互運用，而使財富在九十二年底正式站穩十億元大關。

歷經多年的大空頭市場後，台股從民國九十二年第二季以降，由於全球產業結構歷經大幅度的調整，市場供需狀況丕變，台股重新步入另一個大多頭行情，多頭氣氛熱絡，指數不斷上攻，成交量也大幅放大至兩千億元以上；我也積極建立多頭部位，買進金融、證券、面板、DRAM等四大主流股。期貨部分也從六千六百點一路買進，選擇權也賣出逾萬口的六千五百點、六千六百點賣權，後來指數一舉衝上七千點，九十三年總統大選前一個月的投資報酬不可小覷。

未竟的致富之路

台股於九十三年三月初一路進逼七千點大關，國泰金創下六十八・五元的波段新高價，只是國泰金挑戰七十元大關後繼無力，指標股彰銀漲勢也無法延續，指標股領先走弱。三月四日台股大漲百餘點，然而彰銀卻逆勢收黑，我發現苗頭不對，於是手中的金融股、證券股全數減碼，降低持股風險，市場多頭氣氛開始出現變調。

市場投資氣氛不再，取而代之的已經變成投機氣氛，台期指於三月五日出現高達一百三十餘點的正價差，七千三百點的買權權利金更一舉飆到一百二十點，市場過度樂觀的結果，我判斷大盤再漲有限，於是開始降低持股水位，還大量賣出七千三百點的買權。後來台股失守七千點關卡，我一方面繼續持有選擇權空頭部位，一方面則陸續獲利了結六千六百點買進的期貨部位，價差來回一收斂就有很豐碩的獲利。合計這段時間現貨、期貨與選擇權三種商品的獲利，不僅讓我在選前的大回檔整理中化險爲夷，還意外反向出現獲利。接著雖然有總統大選爭議、「溫氏」效應、雅典恐怖攻擊、美國升息疑慮及五一〇驗票等諸多不確定因素干擾，台股出現暴漲又暴跌的極端走勢，但危機就是轉機，憑著妥適的危機處理，不放棄任何一個獲利的機會，我的致富之路還是一連串的逗號，沒有句點……

「順勢操作、多空皆宜、資金控管、克服心魔」

1. 有部位就有風險，投資必須在能承受的風險範圍內，資金控管尤其重要。
2. 尊重趨勢，要見風轉舵，順勢而爲。
3. 選股不靠人，自己下功夫，絕不作投機主力股。
4. 要有出場觀念，進場固然重要，但出場時機才是勝負的關鍵。
5. 進出要靈活，進場是要獲利，不是爲了要投資股票。
6. 提得起放得下，要有壁虎求生精神，要命不要尾巴。
7. 當八成以上的人看法都一樣，就賺不了大錢。
8. 不爲交易而交易，盤整時休息觀望。
9. 從經驗中記取教訓，曾犯的錯誤絕不二過。
10. 危機可能是價值的眞正所在。

第二章

股市教戰守則

在台股的歷史中，出現過很多超級主力，

可是這些人頂多風光幾年，

便從股市消失，這就是主力的命運。

投資股票一定要堂堂正正，

主力作價的股票千萬碰不得。

做股票究竟要怎麼「做」才會賺錢？為什麼總是賺不到錢？這個問題一直是很多散戶朋友心中的痛，而真正的答案就是：「散戶賺錢的速度太慢，賠錢的速度太快」、「散戶怕賺錢，不怕賠錢」。在股票起漲應該鼓足勇氣買股票的時候，許多投資散戶猶豫不決怕東怕西，等到股票漲上去了，才百般懊惱，悔不當初，最後失去理性而去追高，然而卻追到最後一棒；另一個情形是散戶一有小獲利就趕緊賣出，以獲利了結，但是套牢的時候，就和股票談起戀愛，該停損卻不執行停損，死抱活抱，一套再套，利用「長期投資」這個似是而非的理由不斷催眠自己，等到股票跌到谷底時，最後受不了了，就砍在最低點。就是這樣「買高賣低」或「賺錢的部位很小，賠錢的部位很大」，當然賺不到錢。

股票市場沒有天生好手，剛開始的時候，每個人一定都是懵懵懂懂，可能輕輕鬆鬆就莫明其妙地賺錢，也可能在不知不覺中賠了錢，受過一連串的教訓，繳了無數的「學費」。不過，最後贏家與輸家的最大分別，就是贏家在面對同樣的錯誤時，絕對不會再犯第二次，會利用一次又一次的挫敗，來改正自身的錯誤，建立正確的操盤觀念。所以投資人在每一次操作時，最好把自己當作是帶兵打仗的主帥一般，不只是想著打勝仗，還要能在衆兵圍城的困境中逆轉戰局，在每一場重要的戰役中建立成就感，如此才能擺脫賠錢的宿命，賺到大錢。

決斷多空

每個進入股票市場的人，最終目的都是賺錢累積財富。套一句「台灣霹靂火」男主角劉文聰的話，「沒人呷意輸的感覺」，但爲什麼還是有這麼多人賺不到錢？這是因爲大部分的散戶沒有一個正確的中心思想，這個中心思想說破了不值幾分錢，其實就是「順勢操作，掌握市場脈動」，如此而已。**市場往什麼方向，就跟著市場的方向走就對了**。把投資行爲簡單化，行情其實就只有「多」和「空」兩個方向而已；市場走多，就跟著作多，市場走空，就跟著作空，完全是以市場的角度作客觀的判斷，不預設立場，行情是由市場來決定，如此解讀出來的訊息就會非常清晰，最後的抉擇就是多空二選一，一定有一邊對，一邊錯，不會太複雜的。而且順著市場操作，賠錢的機率通常很低，那麼賺錢的機會自然就大大提高了。

子曰：「**祐者助也，天之所助者順也。**」孔子的意思是，祐就是靠外來的幫助，天所幫助的，就是順天理的人，所以說：「順天者存，逆天者亡。」投資操作也是同樣的道理，投資人若不能順勢操作，而只想逆勢而爲，那麼連老天爺都不會幫助你的。

順勢操作聽起來很容易，眞正實踐起來，卻很少散戶投資人能確實做到，其實要是能思考一下一代技術派宗師韋特（Welles Wilder）所提出的「亞當理論」（The Adam Theory），就可以感受順勢操作的眞諦與重要性了。

亞當理論

有一個流浪漢在台北想偷偷搭上火車前往高雄，他費盡千辛萬苦進到車站之後，在月台上看到前往高雄自強號的告示牌，便悄悄上了火車。火車緩緩駛離了月台，卻一路往北開，到了松山，流浪漢覺得不太對勁，好像坐錯了方向，可是他並沒有下車，等到車子行駛到福隆時，確定已經搭錯火車了，但他還是沒有下車。火車一直開到宜蘭，他終於認清了搭錯車的事實而下了火車，這時決定要重新搭反方向的火車返回台北，可是天色卻已經很暗了，他不僅高雄沒去成，還白白花了一整天的時間。

過了一陣子，流浪漢又想偷搭火車前往高雄，這一次他學乖了，先確定火車上的車牌方向是不是正確的，等到列車長鳴笛了，便敏捷地跳上火車，而且他還擬定一份「計劃」，萬一坐錯的話，一定要在下一站下車，改搭其他回程的火車。現在，這個流浪漢搭錯火車的機會微乎其微，每一次都可以正確無誤地到達目的地。

這個故事看起來簡單，卻是整個「亞當理論」的精義——「順勢而爲」。在股市中，所有進場操作者都是流浪漢，想要搭火車前往高雄，就一定得搭上往南的火車，而不是往北的火車。但是要如何確定火車是往南開的？當火車眞正開動時，只要看它行進的方向，順著它行進的方向就可以到達目的地。

投資人最常有的毛病，就是在該進場的時候再看一下，再等一下，常因此而錯失行情（搭不成火車），導致賺錢的速度太慢；或是不該進場的時候先進場（亂上車），因此而看錯行情（搭錯車）；更糟的是在看錯行情時又不作停損（換車），出現嚴重虧損（到不了目的地）而導致賠錢的速度太快。

因此想要確定正確的方向，就要先確定車子行進的方向，接下來就是等車子開動。當行情行進的方向與預期相同時，可以從容地進場（跳上火車），萬一行情急轉直下，和原先預期的結果大相逕庭，這時二話不說當然要先行停損出場再說（跳車兼換車），如果能做到這些原則，這樣看錯行情（搭錯車）的機率相對就會少很多，獲利的機會自然就能增加。

大部分投資人都太有定見，死鴨子硬嘴巴，不肯面對自己的錯誤。曾經有一個散戶抱怨，民國九十三年初的大多頭行情都沒賺到錢，每天看著行情飆漲，自己卻不敢進場買股票，我鼓勵他說：「行情確定走多，有什麼好怕的？大不了就是賠錢而已。」這句話頓時點醒了他之後，他毅然決然進場大幅加碼，短短不到一個月的時間，投資報酬就出現倍數躍增，這就是掌握行情的重要性。操作股票就像打仗，膽識愈強，在關鍵時刻視死如歸，勇敢衝鋒陷陣，贏的機會自然愈大。要是還沒打仗就想找掩蔽的地方，反而容易戰死在沙場上，投資股票也是同樣的道理。

民國九十二年全球爆發大規模的ＳＡＲＳ疫情，當時電視台整天播的，不是和平醫院的封院情形，就是ＳＡＲＳ感染人數又增加了多少，這些負面的報導很明顯地影響市場信心，台股每天都只有幾百億元的成交量，悲觀的人更認爲台股四千點不守了。看到這種狀況，我剛開始也是選擇退出觀望，手上只有小部位進出維持手感，後來台股開始出量，指數看回不回，行情逆轉的跡象鮮明，於是我開始加重股票部位作多，指數一路過關斬將，從五千、六千，到九十三年的七千點。這段時間鼓足勇氣進場作多買股票的，絕對沒有人是賠錢出場的。

多空戰略

1. 多頭走勢中，回檔量縮就作多，個股的本益比是往上比。
2. 空頭走勢中，反彈出量就作空，個股的本益比是往下比。
3. 多頭走勢中，主流股要在高檔換，不能在低擋換主流股。
4. 多頭走勢中，在沒有利空情況下殺尾盤，宜減碼。
5. 作空不能單押一檔股票。
6. 若有革命性產品出現，相關類股都會鷄犬升天。
7. 價量關係會說話。
8. 有疑慮就出場。

遠離主力股

談到台股的輝煌歷史，就不能不提到以前主力呼風喚雨的時代，當時股市四大天王，個個都有喊水會結凍的實力。只是台股歷經長達十數年的市場結構調整，如今主力股已風光不再。不過話雖如此，主力拉抬特定個股的現象還是有的。

主力股通常都是「買不到，賣不掉」，即使幸運買到了，也很難從它身上賺到大錢。

主力股常常是不按牌理出牌，行情大漲時，主力股容易大跌，而行情大跌時，主力股反而常會逆勢大漲，這不只會讓人低估或高估整個行情，嚴重的話還可能因此精神錯亂。正所謂「萬般拉抬皆爲出」，主力拉抬的目的當然是賺錢第一，吃了一大堆貨，最後當然要有通暢的出貨管道，所以不可能讓散戶買在低點，賣在高點。既然如此，操作股票就要「遠離主力股」，散戶通常會因爲一個「貪」字，忍不住跳進來想要分杯羹，但最後都是偷鷄不著蝕把米，受傷十分慘重。

主力股都有一個共同的特色，就是先收籌碼，集諸多利多於一身，等到集中市場目光後，就開始派發籌碼，最後籌碼在誰手上，誰就是最大的輸家。民國八十年代初期，台股一天成交量至多都只有數百億元而已，但主力股卻逆勢飆漲，全市場都會很注意這一類型的飆股，但其實這些主力股普遍都是業內左手進，右手出，一般散戶投資人是看不懂他們的操作手法與籌碼歸宿的。

華隆曾經有一次財測大灌水，公司對外表示當年每股盈餘（EPS）高達五元以上，消息一出，華隆股價一路噴出，最後營收結果卻和財測相差甚遠，連個影都沒有，股價當然是一路崩跌。後來的中和羊毛、厚生、華國飯店也都是以這個模式有樣學樣，讓散戶一次又一次跌入主力精心設計的死亡陷阱。

要避免被主力坑殺，最好的方法就是充分了解主力股的操作手法，其實說穿了，主力玩的都是同樣一套手法，就是利用散戶的心理予取予求。剛開始吃貨的時候，主力不太喜歡太多人知道而壞了局，因此會利用很多不容易判斷眞僞的市場耳語，讓股價不斷上下震盪洗盤，所以就算提前上車，碰到這種大震盪，心裡就會有一種不甚踏實的怪異感，只要散戶心裡一怕，很容易抱不住這檔股票，如此主力的目的就達到了，這個動作行話叫「甩轎」。

等到主力吃貨吃飽了，就必須要吸引市場散戶來「共襄盛舉」，不然主力手上滿滿的股票要往哪兒倒？於是主力股股價開始一路無量飆漲，而且絕對是轟動武林、驚動萬教的激情走勢，讓全市場都以爲買這檔股票就是賺錢的保證。此外再透過一些特定的第四台老師與媒體發布種種利多消息，於是一傳十，十傳百，「阿公邀阿媽，樓上邀樓下」，進場買進的人就愈來愈多，市場全面洋溢著幸福快樂的氣氛。

這股氛圍形成之後，爲了讓這齣戲達到最高潮，主力還會精心安排一個「致命的吸引力」，讓散戶失去戒心，在最後一刻放出宇宙無敵超級大利多，好讓其他還沒進場而只是在場外觀望的散戶，不顧一切地蜂湧而入。這時就達到主力的目的，一步一步導引散戶走向死亡的陷阱，因爲主力已經開始準備全面派發手中的籌碼。

雖然他們想派發手中的所有籌碼，但因爲主力股成交量都不大，絕對不可能一下子就全部清光，所以出貨的時候，還得分三部曲進行，第一步先「拉高出貨」，不動聲色化整爲零地釋出籌碼。第二步則「邊拉邊出」，左手買五千張，右手賣一萬張，使股價上下劇烈震盪，尾盤還收高，讓散戶有行情尚未結束的幻覺。隨著股票越出越多，主力付出的成本也大致回收之後，剩下的部分就是多賺的，於是就「壓低出貨」，不計價地把主力股砍到跌停，能出多少就出多少，主力「吃貨」、「拉高」、「倒貨」的戲碼才大功告成。

主力股通常都會過度吹噓它的基本面，即使不是主力股，公司派誠信度不夠者，也漸漸受到投資人唾棄，例如過去風光一時的電子股，很多股價都曾創下令人瞠目結舌的天價。不少股票都曾有一段風光的歷史，但因公司派過度介入公司股價，又不當擴充股本，印股票換鈔票，使得股權過於凌亂，股性開始變差。公司派一次次地把股性炒爛，「放羊」久了，投資人當然也會變聰明，也學乖了，就算偶有公司派宣布重大利多，法人散戶也大多不再買帳，沒人去拱，股價自然比較不容易再大漲了。

選股側重流動性佳

買股票，選股票，是基本面最重要，還是技術面最重要？我認爲最重要的，應該是**流動性優先，基本面及技術面爲次**。流動性的要求，就是要找成交量大而且市場認同度高的指標股，全力作多。將成交量及市場認同度擺在第一優先的原因是，成交量大的指標股流動性佳，要買要賣都十分容易，股價雖然不容易漲停，但也不容易跌停。要是挑了一檔成交量很小，也沒什麼市場認同度的個股，若只有一、兩張，進出可能還不成問題，但要是有幾百張、幾千張股票，想要賣出卻出不掉時，就成了一件很棘手的事，一旦再遇上什麼突發性的利空，過去所累積的一切財富很可能會化爲烏有。因此能賺多少錢，絕對不是選股的主要考量，能不能進出靈活、全身而退，才是投資人應該在意的。

成交量大的指標股，和市場氣氛的連結往往最爲直接，對於行情多空判斷具有極高的參考性，獲利空間當然也會因此而拉大，因爲這一類指標股成交量大，不是一兩個人所能左右的；主力通常也不會找這一類股票作爲拉抬標的，因此用它來判斷行情自然會更爲客觀，也比較能正確判斷市場行情所處位置。民國八十三、八十四年的新纖、華隆，九十三年的友達、奇美電，都具有很好的市場認同度和流動性，市場認同度高的指標股股價只要一動，通常都是行情要帶頭衝的時候。

鋼鐵股自民國九十三年初以來雖然飆翻了天，可是還不能構成指標類股的條件。鋼鐵股出現這樣的大行情，是因爲中鋼過去鋼品價格和國際行情落差過大，而將中下游廠商的利潤空間拉大所爆發的基本面行情；可是鋼鐵股中，除了中鋼之外，其他的鋼鐵股股本都相對比較小，市場流動性也相對較差。而且中鋼又是衆多國內外法人必備的大牛股，籌碼面條件不足，因此最好的標的，是業績並不亞於鋼鐵股、但目前不被市場看好、有被低估之嫌的中型股，這樣的標的潛在獲利空間才會比較大。

不見魚兒不撒網

買股票，掌握時機（Timing）很重要。**一定要等指標股開始發動攻擊，市場醞釀上攻氣勢之後，才進場布局**。這就好像坐雲霄飛車時，速度最快、心臟就像要跳出來的時候，必然是雲霄飛車從高點開始滑下的時候。雖然這種方式通常買不到最低點，但絕對是最快、最安全的獲利方式。很多散戶朋友會問：「爲什麼不先買起來等？」我要強調的是，買股票不是戰備存糧，不是買來抱著等的。好的股票百百種，可是沒有人具備先知的能力，知道哪一支股票會先漲，若是買了之後股價不動，時間久了，持股信心很容易被磨損，而變得不敢買太多部位。可是要是等指標股啓動攻勢了，再進場大幅加碼，獲利的速度反而會因此加快，也許買進的成本不會是最低，但絕對報酬率往往是最高的，等到指標股休息了就出場，再繼續尋找下一個指標族群。

目光集中在指標股後，緊接著就是尋找被低估的股票買進。從同一類公司的淨值、體質、獲利能力及前景展望等各個面向，去尋找被低估的股票，然後買進被低估的股票，賣出被高估的股票。因爲被低估的股票是進可攻退可守的，一旦發動攻擊時，絕對大漲特漲，不會只有一日行情。所以只要事前預先做好功課，知道被高估或被低估的股票有哪些，等到市場題材一發酵，股價一起漲，就毫不猶豫地在第一時間切入，絕對不要看它漲上去了才去追，如此才不會錯失良機。

民國九十三年的面板股就是盤面的指標類股（參閱圖2.1、2.2）。可是當友達及奇美電前仆後繼一路攻上五十元大關時，華映、廣輝及彩晶等面板三隻小貓股價反而溫吞不動，但若相互比較其基本面，以相同的本益比評估，華映、廣輝及彩晶三檔二十元以下的股價明顯就有被低估之嫌，所以九十三年二月下旬之後，股價漲得最兇的不再是兩隻面板虎，取而代之的是華映、廣輝兩家（參閱圖2.3）。

總統大選後台股重創，華映、廣輝及彩晶股價因選前漲多了，回檔幅度相對較深。友達和奇美電則因爲本質最好，股價反彈的速度可說是又快又急，尤其是奇美電因爲ＬＣＤＴＶ市場看俏，股價一路由五十元以下狂飆而上，一度還超越友達，後來友達也受到奇美電飆漲的激勵，股價也跟著飆上八十元，就連過去股價比較沒有表現的彩晶，也是同步大漲，選後漲幅高居面板五虎之冠。

圖 2.1　3009 奇美電歷史走勢圖

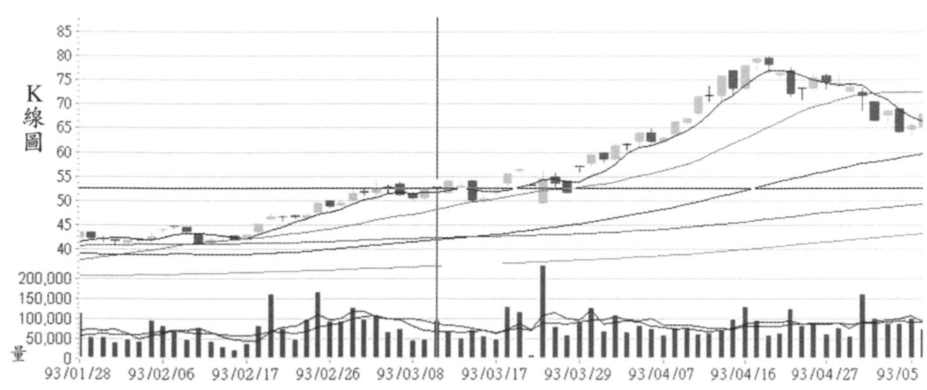

圖 2.2　2409 友達歷史走勢圖

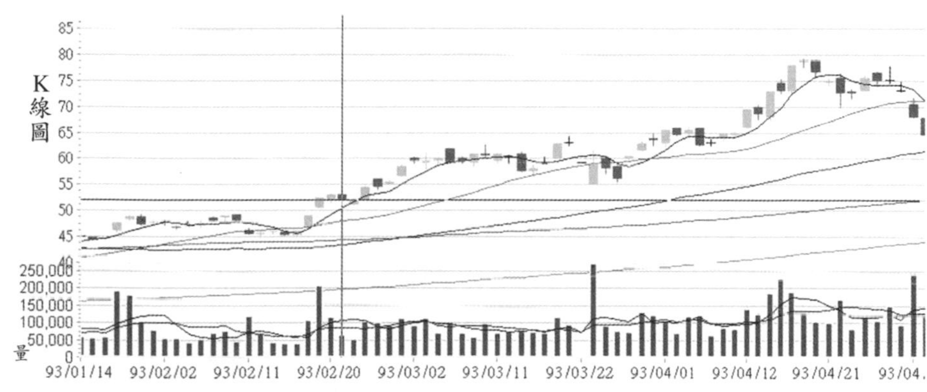

圖 2.3 面板五虎股價比較

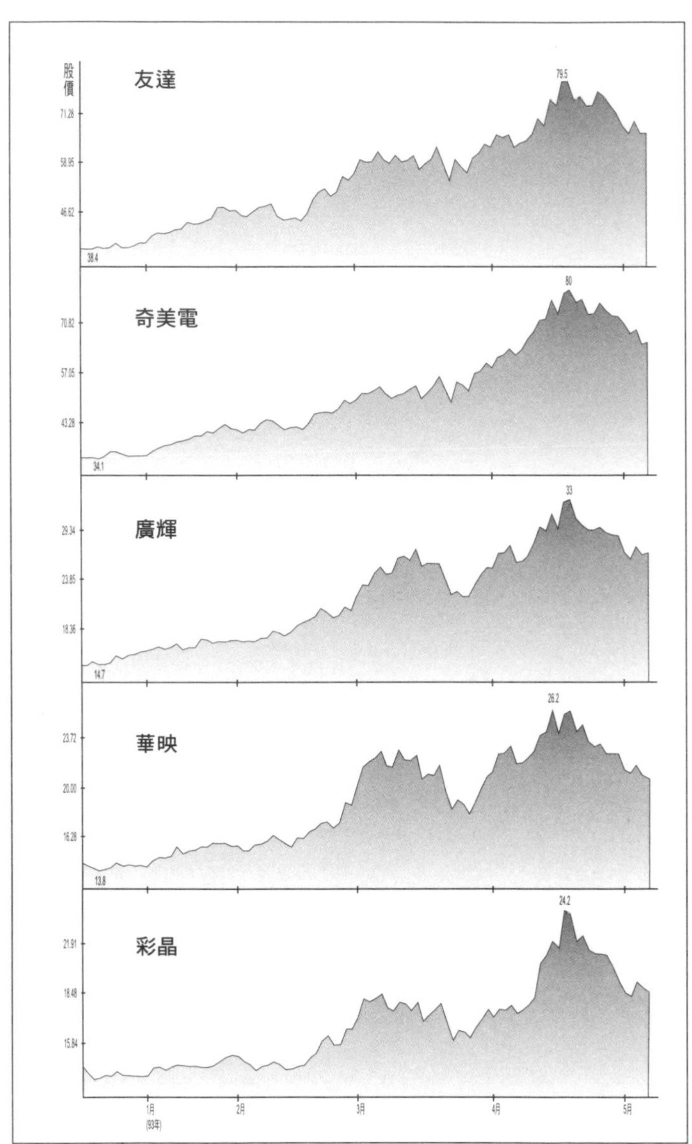

指標股具價格發現功能

指標股是人氣指標，與盤面的連結往往極爲強烈。所以指標股的領漲或領跌，往往也就暗示了行情會轉強或轉弱的訊號，和期貨所具備的價格發現功能有異曲同工之妙。

民國九十三年台股選後從六千零二十點一路反攻至六千九百點之上，全市場當時一片樂觀，認爲七千點收復有望。可是股王大立光電在四月二十二日突如其來爆量急殺跌停，股價從高點四百五十元重挫而下，一直到三百九十元左右才止跌，大盤同一時間也由六千七百三十點暴跌而下。大立光是台股股王及指標股，最好的基本面個股股價都不支倒地了，其他個股自然也沒有偏安的理由。

同樣地，大盤大跌一段又一段，指標股卻在最後一刻出現「潰堤」式的崩跌走勢時，通常也暗示著投資人把手上能砍的股票都砍了，把指標股留到最後一刻才拿出來砍，表示所有不安定的籌碼都殺出來了，這時往往卻是「翻空爲多」的重要訊號，表示大盤的底部即將浮現！九十三年五月十日，台股急殺破底，當時台股最抗跌的面板股全面「崩潰」，友達、奇美電都直摜跌停，人氣渙散，投資人只想換回現金，根本不想戀戰，但最後友達及奇美電都能反向收高，隔天股價還能走揚，帶動台股止跌回穩。

如何尋找指標股

台股經過長達近二十年的發展之後，黑板上的股票已經超過一千支（參閱附錄表1），不再像過去只有小貓兩三隻，如今要找到指標股，很多人都覺得像是大海撈針，因此總喜歡透過各種管道去問明牌，而不想做功課研究潛力股。這種選股方式實在不可取，要知道，夜路走多了是會碰到鬼的，摸魚摸久了，總有一天也會摸到大白鯊，與其這樣，不如找更簡單、更安全的方法，來尋找指標股。尋找指標股的方式並不難，答案就寫在股價表現上，哪一支個股能夠領先大盤起漲，股價能領先創新高的量大個股，就符合指標股的第一要件。

民國九十三年台股在選後大跌，帶領大盤振衰起敝的，很明顯就是以奇美電、友達爲首的面板類股，以及力晶、茂德帶頭的DRAM類股，這幾支股票不只領先大盤止跌起漲，每一檔還不斷創下選後新高，甚至比指數七千一百三十五點時的價位還高，這就是指標股的優勢。選後買到這些強勢指標股的投資人，不但能反敗爲勝，還能加快賺錢的速

度。

面對多頭的心態

在多頭市場，先買後賣，買低賣高是基本作多原則。投資的最終目標是要獲利了結，基本動作當然要先買股票，否則最後怎麼會有股票可賣呢？又如何能有鈔票落袋為安？即使短暫套牢，只要後市行情趨勢不變，賺錢的機率還是很大，這是因為多頭市場沒有A型反轉，只有V型反轉，行情不斷大漲小回之後，開始高檔盤整一段時間量價背離後，才會反轉向下，因此多頭行情通常不會一瀉千里，量縮時往往是一個很好的買點。空頭市場剛好相反，只有A型反轉，不會有V型反轉，股票逆著行情趨勢上漲，時間久了，還是得回到它應有的軌道上。

很多投資人買了股票，都很在乎未實現的浮動損益，緊盯著損益變動上上下下，其實**投資操作的最高境界是不把部位放在眼裡，要以沒有部位的心態去面對**。我常發現很多投資人會忍不住去緊盯損益數字的變化，帳面上的數字賺錢了，就在私底下暗爽，一變賠錢了，就獨自懊惱，心神不寧。我想強調的是，影響損益的是行情還是損益的數字？每個人一定都知道正確答案是行情，而不是損益數字的變化，一旦太在乎損益數字的變動，很容易被這些上上下下的損益數字所影響，反而忽略了市場的多空脈動。所以最好的方式是把損益數字的變化擺一邊，行情脈動擺中間，如此才具備賺大錢的要件。

投資人常有的另一個恐懼，就是怕股票回檔，其實股價回檔並沒有什麼不好，股票本來就沒有天天漲、天天過年的，回檔之後思考的重點應該是，個股從此之後就不會再漲了？還是回檔之後會有另一波多頭攻擊？在大多頭市場，行情多呈大漲小回的模式逐步墊高，因此個股的回檔通常只是休息，終究還會再漲一波，因此投資人又何必在意區區短線的回檔呢？反而應該趁拉回整理的時候加碼買進，要是多頭回檔就去大賣股票，那麼賣錯的機率一定比較大。

從基本面判斷飆股要件

除了成交量之外，支撐個股成爲強勢指標股的最大要素，當然是基本面的強弱。要評估產業基本面，像研究員一樣用苦行僧方式，使用無數個數學模型交叉分析是一種方式，一般投資人雖然沒有這方面的專業，也可以從消費端去判斷，這種方法不僅簡單明瞭，也很容易發掘潛力股，準確性最高，持續性也最久。我很喜歡到NOVA、燦坤等通路去走走，看看現在流行的明星商品是什麼，了解市場消費傾向，再把盤面上強勢指標股拿來對照，很容易就知道哪些個股具備飆股的條件。

就拿TFT-LCD來說，CRT顯示器又笨重又佔空間，因此輕薄的TFT-LCD顯示器問市後，原本市場都很看好，只是因爲價格過高，無法引爆全面性的市場替代需求。可是當國內面板大廠陸續把生產線一舉提升到五代線等次世代廠之後，不僅良率及產量大增，TFT-LCD顯示器價格也轉趨合理，現在哪個公司的辦公室沒有TFT-LCD顯示器？在光華商場、資訊展中，最熱門的產品也是TFT-LCD顯示器、筆記型電腦，還有因爲數位電視開播及因視訊品質而炒得火熱的大尺寸LCD TV，這些流行產品都需要用到面板，終端市場消費需求增強，面板及周邊零組件廠商的基本面就會有一、兩年的好光景（參閱表2.1）。

就拿面板股龍頭友達來說，民國九十二年每股盈餘三・五七元已經夠讓人驚艶的，但是九十三年的爆發力一定會遠遠超越九十二年，因爲友達五代廠上線之後，五代廠良率及產能利用率超乎預期，一天賺一億元已經是最保守的形容，包括瑞銀（UBS）、荷銀

表 2.1　面板五虎的基本面比較表

公司	友達光電	奇美電子	中華映管	瀚宇彩晶	廣輝電子
93 年獲利預估（億元）	416	301	176.7	92	150
競爭利基	大中小尺寸面板產品齊全，六條TFT生產線	全力鎖定液晶電視高毛利產品	四．五代線量產良率提升速度飛快	與國際大廠結盟，布局液晶電視市場	五代線產能貢訊大增，母公司廣達訂單挹注

資料來源：工商時報&各廠商

（ABN）、花旗環球（SB）各家外資券商的報告也是一改再改，目標價一調再調，九十三年目標價都一路往上加到一百元以上。如此熱絡的景象，就可以知道面板產業爆發力有多強了，友達也在外資的一路叫進下正式超越台積電股價，而在這個產業多頭趨勢沒有改變前，友達及奇美電未來絕對還是台股多頭的精神領袖（詳第七章）。

相對於日本、韓國及台灣等亞洲國家，佔全球經濟體三分之一強的美國其實是個不容易接受新穎電子產品的國家，LCD TV在二○○三年叫好不叫座就是一個最好的例子，但是在二○○四年在大尺寸面板與LCD TV大幅調降售價之後，市場接受情況就大大地改觀，這也是支撐面板產業持續走多的重要原因（參閱附錄表2）。

同樣的，手機數位相機也是如此。手機發展之初，雖然只是純粹用來連絡方便，但是因爲與傳統電話有可攜式的程度差異，手機產業熱度一哄而上。手機逐漸普及之後，手機朝向多變的時尚造型，以及附加功能的加強，只是在各種應用面發展成熟之後，手機銷量反而出現停滯，一直到日本首先將數位相機內建於手機，充分提升手機的娛樂功能之後，便造就了手機產業的第二春。現在數位相機也幾乎成爲新手機的標準配備，美國二〇〇三年第四季數位相機式手機大幅成長，終端消費市場的強勢帶動，讓生產手機數位相機光學鏡頭的大立光電一舉躍爲台股股王，還同步帶動了亞光的走勢，這些光學類股民國九十三年的潛力也不容輕忽。

過去CD-R當紅的年代，CD-R也是市場需求殷切的產品，中環、錸德當年不斷開出產能，營運可說是吃香的，喝辣的，只是一個產業從萌芽到成熟之後，最後的結果一定是供過於求。供給過剩的時候，市場價格很容易因此而崩盤，產業進出門檻降低之後，自然也不再具有市場競爭力。金融業也是同樣的道理，過去國內銀行林立，普遍採行殺價競爭的手段，將金融業務利潤壓縮得十分厲害，現在則因爲很多銀行被合併了，競爭者變少，配合景氣復甦，市場需求愈來愈強，金融業獲利自然就好轉起來。

此外，民國九十二年第四季以來，鋼鐵、鉛、銅等原物料行情也燒得火紅，這主要是俄羅斯共黨政權垮台之後，因爲還不熟悉市場自由經濟，因此以傾銷鋼鐵的方式賺取所得支撐國內經濟，市場供給面大幅增加，但需求又沒有同步提振，讓鋼鐵市場因此低迷了一段很長的時間。如今俄羅斯經濟穩定，沒有必要拋售傾銷鋼鐵，於是過去一直處於供過於求的市場狀況開始出現大幅翻轉。特別是中國大陸基礎建設需求暢旺，帶動了全球鋼鐵市場市況需求強勁異常，鋼價節節高升，還逼得美國用保護主義去抑制需求，壓抑不住了，又讓鋼鐵出現另一波飆升走勢，最後中國也被迫要以宏觀調控來進行降溫。

民國九十二年十一月北海布蘭特原油及西德州原油雙雙飆破三十美元大關，國際油價開始出現野火燎原之勢，一發不可收拾，國際原油於九十三年五月正式突破每桶四十二美元，全球經濟備受威脅。這一次國際原油的飆升，除了基本的供需消長之外，也有投機性與政治性的因素摻雜其中（參閱圖2.4、2.5、2.6）。

從供給面來說，全球主要產油國大致可分爲石油輸出國組織（OPEC）與非石油輸出國組織兩大陣營，非OPEC是根據市場價格與自身產能而決定石油的供給，雖佔全球產量的三分之二，但一旦原油價格超過一定成本後，非OPEC並無法進行增產。OPE

圖 2.4　原油價格

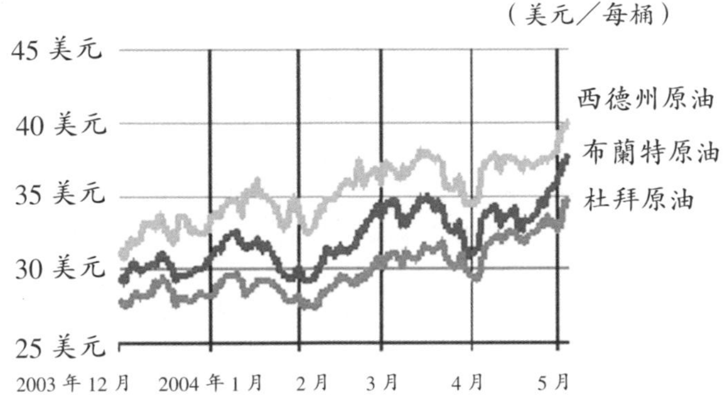

圖 2.5　全球石油供給

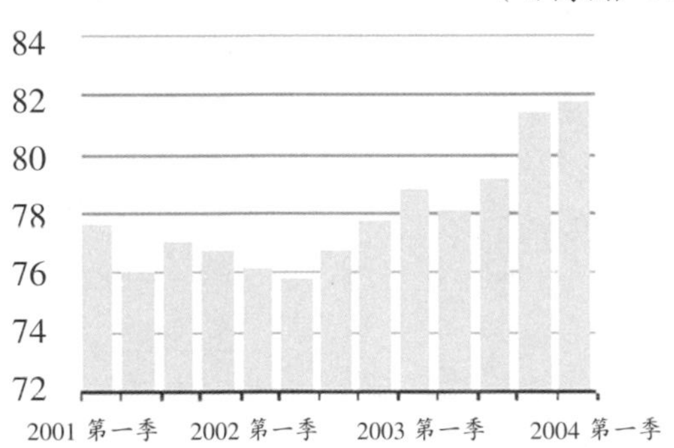

圖 2.6　全球石油需求

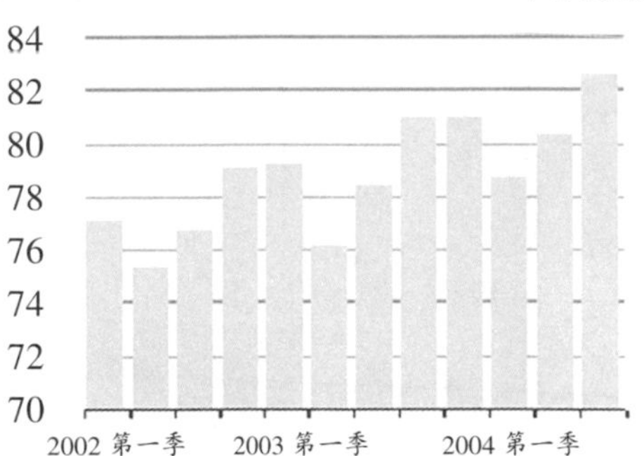

C則是以沙烏地阿拉伯爲首的十一個產油國，依全球供需狀況制定配額，不過因爲組織鬆散，又有戰爭及自身利益交錯，是牽動全球油價變動的核心所在。

國際原油價格一飛衝天，主要是美軍佔領伊拉克後暴力衝突頻仍，以及沙烏地阿拉伯擔任穩定油價關鍵者的意願愈來愈低，OPEC會員國爲了自己利益，自九十二年九月以降，開始數次縮減配額。再加上恐怖攻擊的陰影，預期心理持續發酵，市場投機客不斷搶進部位，美國、中國、印度、南韓及台灣亦無視於油價高漲，紛紛提高戰略原油部位，導致國際原油不斷飆高，由此可知這一波油價飆升並非全球供需出現失調，主客觀條件難以與民國六十年代的石油危機相提並論，油價的飆升只是暫時現象，但未來相對高油價的趨勢已經勢所難擋。

過去國際原油每桶二十五美元時，國際間曾紛紛要求OPEC會員增產，但是後來產油國發現，增產之後，賺的錢沒有變多，反而變少了。這是因爲生產過剩，原油價格不具競爭力，所以產油國知道過量增產是不利的，減產控制價格才是具有利基的（參閱圖附錄表3）。

貨幣的價值愈來愈薄，也是間接逼使消費者開始接受大宗物資價格飆升的現實要件。

全球原物料過去都曾歷經一段極低迷的時期，但是經過長時間的經濟成長與價格波動後，市場需求變得愈來愈大，民衆對這種大宗物資的價格忍受度也就愈來愈高，而這也是全球經濟復甦的主因，所衍生的市場利基也極具想像空間。

股王的地位

台股每一年都會有一支代表的股王，股王的地位，除了是高價股的龍頭指標之外，本身所代表的產業一定是和當前最熱門的產業劃上等號，而且股王享有的本益比通常要較其他個股來得優渥，股王本益比愈高，愈能拉大所有個股的比價空間。過去的華碩（主機板）、廣達（筆記型電腦）、禾伸堂（被動元件）、威盛（ＩＣ設計）、聯發科（ＤＶＤ晶片組），還有最新的股王大立光（光學鏡片），都曾擁有高人一等的殊榮，投資人只要能抓到每一個世代最強勢的產業，充分掌握產業基本面脈動，自然就能知道市場主流，擁抱個股快速獲利。

民國八十六年電子股全面起漲時，當時最熱門的股票首推主機板大廠華碩（參閱圖2.7）。華碩掛牌時股價才一百多元，可是每天跳空漲停鎖死，有錢買都買不到，一直到三

圖 2.7　2357 華碩歷史走勢圖

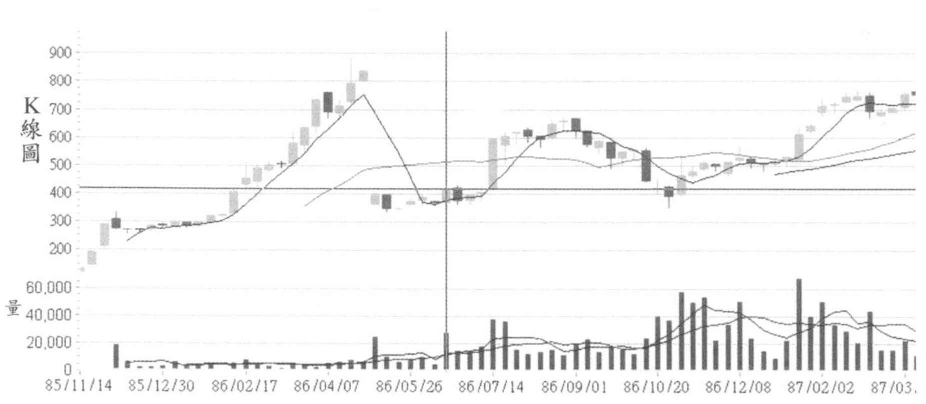

百多元蜜月行情才告一段落。只是才休息一段時間，華碩又啓動極罕見的二次蜜月行情，一路狂飆到七百八十元除權，除權之後，再由三百元飆到七百多元，除完權後，又再次完成填權，前後累計漲幅至少是十數倍以上，股王的威力可見一斑。

從華碩開始，每一個電子股的除權走勢都只能以可怕形容，印刷電路板（PCB）的華通、專業電子代工（EMS）暨準系統的鴻海，都是以三百多元的高價除權，然後再完全填權，連現在被稱爲大牛股的晶圓雙雄，聯電除權後股價也從幾十元一路漲到一百二十幾元，台積電則是飆到兩百元以上。

我和威盛過去有一段「難分難解」的情感。威盛是我抱過最久的一檔個股，卻也是被我反向放空獲利幅度最大的個股。買進威盛，主要是因爲國際微處理器霸主英特爾（INTEL）於民國八十八年直接點名對威盛提出告訴，一頭大鯨魚爲什麼要對一隻小蝦米大費周章興訟？引起我對威盛的好奇與興趣。

進一步了解威盛基本面之後，裡面玄機可大了。威盛獨排眾議力推DDR晶片組，英特爾儘管力拱RAMBUS晶片組，卻因成本及產能的限制拱手將市場讓出，眼看著半壁江山丟給這家小不拉幾的台灣公司，英特爾想到就一肚子火，最後竟直接對威盛提出國際侵權訴訟。這不是免費幫威盛做活廣告嗎？而且也證明了威盛當年的技術與實力具備國際水準，經營階層很有企圖心，是不可多得的好股票。所以我毅然決然買進兩百元的威盛，一直到六百多元時才獲利了結出場（參閱圖2.8）。

很多散戶朋友或許納悶，威盛股價漲到三百、四百元的過程中，潛在獲利都已經這麼豐碩了，難道我都不會想先獲利出場嗎？判斷一檔股票該不該獲利出場，要看這家公司的前景是不是已經出現負面的疑慮。威盛與英特爾訴訟過程中，可說是佔盡優勢，不但把英特爾這個半導體巨人遠遠拋在腦後，更是把它耍得毫無招架之力，英特爾完全沒輒，威盛的業績也水漲船高。這種基本面沒有出現疑慮的公司，就應該一直續抱，毫不理會短線的

圖 2.8 2388 威盛歷史走勢圖

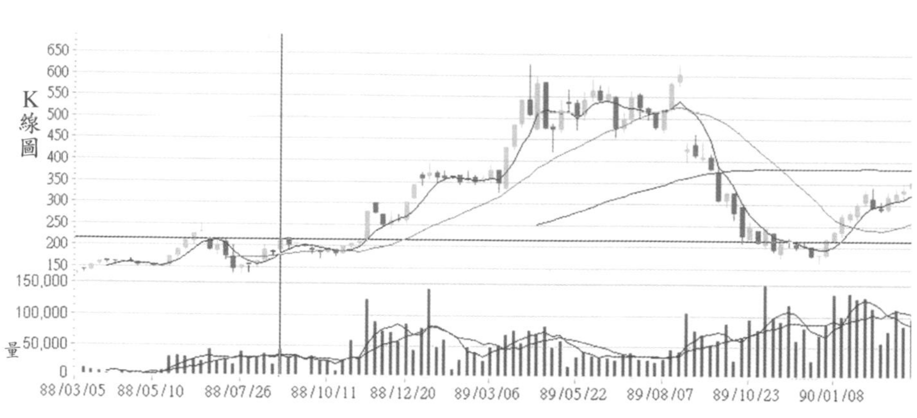

小幅波動。可是後來威盛偏安，沒有更新的產品出來，除權行情也不理想，這就是基本面出現疑慮的先兆，於是我便在高檔獲利出場，甚至開始反向作空。

外資不再點石成金

外資動輒買賣超台股兩百億元，在台股可說是呼風喚雨，無人能敵，所以市場上很多人都把外資當作「神」，可是實際上，外資也只是現金比較多的「散戶」而已（參閱附錄表4）。國內資本市場於民國八十四年開放外資時，剛開始因爲外資投注比例不高，而且買進標的都是台塑、中鋼、國壽這一類大型股，當時頗讓市場感到失望。民國八十六年電子股狂飆，外資點石成金，在台股大展身手，每年都湧進百億美元的資金（參閱表2.2），目前外資在台股的總資金部位已逾兩兆台幣，未來一旦摩根士丹利國際資本管理公司（MSCI）正式調高台股權重後，還會有更多外資資金湧入台股。

MSCI自從將台股納入全球及亞太地區編製指數之後，所有外資的布局幾乎都是以MSCI指數爲圭臬（參閱附錄表5）。這家公司之所以如此重要，主要是因爲它是海外基金重要指標的編製指數，大部分的海外股票基金要進入一地市場時，會先依照這個指標來決定各個市場與成分股的比重，例如台灣目前在亞太（不含日本）市場權重佔一○・五%，主要成分股爲聯電、台積電等；韓國權重一五・五%，主要成分股爲三星電子等（參閱表2.3）。這樣的目的，是因爲共同基金是看相對績效，基金經理人不須標新立異自創投資組合，先做和指數編製大致一樣的布局，讓投資績效至少跟得上大盤表現，再透過一些區域與成分股的細微調整，只要表現超越指數，就是成功的基金。

雖然外資口袋麥克麥克，不過外資賠錢的紀錄也是洋洋灑灑。外資當時一路將中鋼由二十元狂拉到三十元，可是後來遇到中鋼有史以來產業景氣最低迷時，只能在高檔認賠殺出。國壽也是在一百二十元上下狂買之後，在一百元以下停損殺出，所以後來我們也常常

表 2.2　外資投資台股概況一覽表

單位：億美元

年度(民國)	累積總匯入淨額
82	26.40
83	42.72
84	62.86
85	89.75
86	92.81
87	110.56
88	228.85
89	313.51
90	414.39
91	430.13
92	664.02
93 四月	759.24

表 2.3　MSCI 亞太自由指數（不含日本）權值比重表

國家	市值(百萬美元)	權重(%)	預估調整後市值(百萬美元)	預估調整後權重(%)
台灣	110,234	10.5	200,425	17.1
中國大陸	47,274	6.0	47,274	6.2
南韓	169,243	15.5	169,243	14.4
香港	133,697	12.2	133,697	11.4
新加坡	65,063	6.1	65,063	5.5
印度	47,274	4.3	47,274	4.0
澳洲	381,870	36.1	381,870	32.6
其他	102,094	9.3	102,094	8.7

資料來源：摩根士丹利國際資本公司 2004/02/12

可以看到，外資單日大買某單一個股的時候，這檔個股隔天的表現反而是差強人意的。民國九十三年初外資單日買超友達八萬多張，但友達之後反而不太動了，還有一天外資買超台股一百九十三億元，後來台股跌破七千點，外資還持續買，結果連六千八百點都守不住，這些都是外資賠錢的紀錄（參閱表2.4、2.5）。

外資買賣方式雖然都很凶悍，但也並不是全然是百戰百勝的，外資的操作手法基本上是和主力、金主類似，只是看法比較國際化，進出金額比較大罷了。外資的操作手法，通常是鎖定一檔個股後，在特定時間內不計價買進或賣出，部位建立完成了，就不會再有大動作。重要的外資券商有高盛、美林、花旗環球等，他們彼此之間的操作方式不全然一致。

很多投資人都會去研究外資買賣超的個股，甚至照本宣科，直接照外資買超的名單選股。可是外資「唯我獨尊」、「翻雲覆雨」的時代已經過去了，外資進出的股票已經不具指標意義，台積電、聯電、仁寶、中信金、鴻海等重權值個股，外資持股哪一檔不是超過三成或五成？但那又如何？外資持股這麼高的股票，遇到空頭還是一樣兵敗如山倒（參閱表2.6、2.7）。此外，外資還有眞外資、假外資之分，有美系券商與歐系券商之分，甚至經

表 2.4 外資十大單日買超及股市表現

排名	日期	買超金額(億元)	當日漲跌(%)
1	93/3/2	194.08	1.26
2	91/4/17	175.82	2.12
3	93/3/5	160.26	-1.29
4	93/1/9	160.19	0.94
5	92/10/6	157.88	1.80
6	91/3/5	155.49	1.42
7	93/3/1	151.54	2.04
8	90/4/19	150.23	1.81
9	92/5/29	130.98	1.53
10	90/12/5	124.17	3.32

表 2.5 外資十大單週買超及股市表現

排名	日期	買超金額(億元)	當週股市表現(%)
1	93/3/4	644.53	2.86
2	92/10/17	447.77	2.94
3	93/1/9	436.89	3.07
4	91/3/8	407.75	5.82
5	92/10/9	382.19	2.12
6	92/8/22	376.48	2.88
7	91/4/19	350.03	4.29
8	92/5/30	335.93	4.74
9	89/2/11	311.95	2.76
10	92/6/20	296.26	2.47

表 2.6　外資史上連續賣超天數及股價漲跌幅

期間	外資累積賣超	連續賣超天數	指數漲跌幅
93/4/27-93/5/21	1261	19	-11.12%
93/3/10-93/3/18	851	7	-2.68%
89/4/12-89/4/18	532	6	-7.56%
91/7/17-91/7/29	421	9	-8.64%
91/5/28-91/6/12	320	12	-5.76%
91/8/26-91/9/10	272	11	-6.05%

資料來源：台灣經濟新報

表 2.7　外資十大單日賣超及股市表現

排名	日期	賣超金額(億元)	當日股市表現（%）
1	93/4/30	-237.72	-4.44
2	93/3/16	-226.87	-0.69
3	93/3/12	-196.16	-1.14
4	93/3/23	-19,46	-2.94
5	89/4/13	-154.6	-2.51
6	89/4/15	-145.3	-5.42
7	93/4/29	142.32	-2.62
8	93/3/18	-118,97	3.18
9	92/11/20	-110,97	-0.53
10	91/1/30	-103.45	-0.57

常看到券商間彼此對作的情形，因此千萬別太過迷信外資，「外資不是神，也是人」，投資股票毋須過度迷信，過度崇拜，投資人只要把外資進出當作參考即可，不需存有過多不必要的遐想，相信自已才是最重要的。

爲何外資點石成金的魔力不再？過去電子業於民國八十六年蓬勃發展時，只要外資大買的電子股一定是大漲特漲，但就像主力一樣，外資也會退流行，現在的外資買再多也無法發揮過去鷄犬升天的魔力了。最大的關鍵轉捩點，就是民國八十九年以降的大空頭市場，台股籌碼結構大爲改觀，電子業逐漸變得傳統而式微，投資人更注重投資而非投機題材，因此台股大漲時，散戶不會再像過去一樣跟著去追進追出，反而會趁拉高的時候調節持股，散戶日益成熟的心態，讓外資現在不再像過去一樣吃香。

試單尋手感、立信心

對於布局買股票的時間點，很多聰明投資朋友的反射答案都是：「拉回買進」。這句話只說對了一半。若多頭行情趨勢確定，當然要立即進場建立部位，絕不能等股票漲多之後，才想等拉回買進。要想獲利，一定要先建立部位，再伺機加碼，千萬不能買來等，唯有先少量試單，證明自己對後市的判斷正確之後，才能建立投資信心。

如果沒有建立部位只是等待，最後的結果一定是沉不住氣跳下去不計價買進，此時恐怕就是接到最後一棒準備賠錢的時刻了。一般散戶的心態，總是在起漲的第一時間觀望，等到股票不再拉回展開主升段時，就進場追價，總是觀察別人的動作而動作，這種隨著市場情緒起伏的投資方式，是無法賺到大錢的。

買股票要先試單，如果手上一百萬元，可以先去買個幾張看好的股票試試身手。千萬別只待在一旁傻呼呼地看，因爲如果連試單的部位都不敢嘗試，後面怎麼有勇氣再建立加碼部位？先建立小部分部位，手上有了股票後，才能藉此建立投資信心，股票漲了，就證明自己的判斷是對的，如果跌了，最起碼也可以因此更貼近市場脈動，無形中膽識也就能訓練出來。因爲手中有了股票，會注意個股的盤中波動，從而建立個股與市場的脈動，這種操作方式，獲利機率絕對要比買樂透的中獎機率大多了。

建立部位之後，要觀察個股是順勢還是逆勢。順勢的股票，大部分都是正常的股票，只是強弱程度有別。但逆勢的股票，通常就是有特定主力操作，這種有主力介入的股票還是少碰爲妙。有些投信法人偏好「養小鬼」，主要著眼點在於中小型股飆漲速度特別快，拉升績效的速度較快。但這是一體兩面的，漲的速度快，跌的速度自然也會很快。拉長時間來看，大型股漲勢並不見得會落後，只是時間有快慢的落差而已。

股票是會輪動的，投資人要從這股輪動的氣勢中去掌握市場的節奏感，掌握市場節奏，獲利速度才會加速，若大盤漲一五%，掌握市場節奏的獲利就可能高達三〇%，如果進一步再掌握換股的脈動，獲利速度就會更快。相反地，指標股上攻力道不足，股價開始出現停滯現象時，就表示該減碼了。畢竟沒有股票是天天漲的，個股漲多之後，也會開始整理、修正，然後才會重新啓動新一波的攻擊。但投資人也不要單戀一枝花，資金要作最有效的運用，投資股票是不能等的，把弱勢股減碼，換到還有上漲空間的個股，才有意義。

很多散戶買股票都像開雜貨店一樣，這個也買，那個也買，這種投資組合其實是很不理想的。理想的持股數大概是三檔左右，對於類股也不要有特別好惡，只要是能賺錢的股票，不論是傳產、金融、電子或是證券股，都要能來者不拒，但是以上所提過的選股原則還是放諸四海皆準的。

精明的投資人

市面上可供投資朋友賺錢的金融商品不少，但下列商品卻鮮少在我的投資之列：

共同基金績效差強人意

很多理財專家或基金公司都會和散户投資人推薦共同基金，利用複利表告訴投資人，只要每一年投資績效達到一五%以上，長期累積的投資報酬率相當可觀。可是國內基金這幾年的表現其實差強人意，主要是證券主管機關限制股票型基金持股必須在七成以上，多頭時期固然有助於股票型基金績效的提升，但一旦遇上大空頭，因爲持股不能降爲零，基金淨值大部分只能跟著大盤一起跌，有時甚至比大盤跌得還凶，「進場容易，出場難」，不少基金經理人均大嘆難爲。

共同基金操作限制多，隨著國內代客操作制度的開放，包括退撫及勞退等政府基金及檯面下的大額資金，均朝向委外代操。雖然代操管理費較高，可是代操沒有持股限制，投資組合可以自由搭配，投資單一個股上限比例亦較共同基金爲高，且無周轉率的限制，經理人相對有較高的操作彈性。而且對投資人來說，代操經理人須向投資人提供詳細的持股明細、已實現損益等報表，相對於共同基金的資訊落差，透明度較高。

除了股票代客操作外，目前國內亦已開放衍生性金融商品「代客操作」，衍生性金融商品代操講求合理的資產配置及嚴格的風險控管，所以在報酬波動性及市場風險均能獲得有效控管。可投資的市場標的包括期貨、選擇權、商品期貨、外匯期貨、股價期貨及利率期貨等國內外衍生性金融商品，並可因應客户需求或波段行情規劃最佳的資產配置，這種功能和基金所講求的資產配置概念有異曲同工之妙。

權證成本過高

券商發行權證都有所謂的「設算利率」，投資人投資權證，極類似於買股票選擇權。而投資人之所以很難在權證上賺到大錢，主要癥結是大部分券商都發行價外權證，會以較高的設算利率計算，導致權證權利金高出正常水準不少，投資人買進，就好像買進了權利金過高的選擇權，把成本墊高了，當然不容易賺到錢。

以友達爲標的所發行的0439爲例，這檔權證九十三年三月十六日發行，前一天友達的收盤價爲五十七・五元，這家券商設定友達權證的履約價高達八十九元，發行當天的權證權利金爲二・三五元，半年內（九十三年九月十五日），友達股價必須衝上八十九元，這檔權證才會有價值，若再加上二・三五元的權利金，也就是友達要衝上九十一・三五元以上，投資人才不會賠錢，這對一般投資人來說，成本實在太高，所以要從權證上賺到錢眞的不容易。

再者，一檔權證每天成交量大多只有數百張到數千張之譜，這種流動性太低的金融商品，和流動性低的股票一樣具有潛在性的危機，一旦市場出現突發性利空時，要順利脫手可就不是件容易的事。

未上市股票

未上市股票在資訊上不夠透明，因爲依現行法令規定，未上市股票只須公布年報，而每季季報、財測及營收都毋須公布，如此將造成基本面的判斷極爲困難。而且未上市股票成交量不足，也有流動性太低的問題，加上又有未上市盤商及直銷公司作梗，這些都是投資未上市股票的相關風險。

第三章

千變萬化的期權

期貨有避險、投機和價格發現的功能，單純抓趨勢。

因是高度財務槓桿，

首重風險控管，也就是資金控管，

簡單的口訣「有二口糧只吃一口飯」。

一九九○年諾貝爾經濟學獎得主米勒（Merton H. Miller）曾經說過，「期貨是人類二十世紀最偉大的金融創舉。」這句話只說對了一半，因爲當時選擇權還沒有問市，我認爲選擇權是另一創舉。期貨是線型組合，雖然能將投資報酬率最大化，可是相對風險程度也一樣大；選擇權因爲可以利用買、賣方與買、賣權的交互組合運用，而使整個投資策略更爲靈活，賺取不合理的市場潛在報酬。一般散戶投資人只懂得在股票市場打轉，一旦行情出現劇幅波動時很難控制股票風險，可是若有期貨與選擇權的同步搭配，不僅能在多空趨勢中應對得宜，更能加快賺錢的速度，減緩賠錢的速度。

很多投資人都視期貨或選擇權爲畏途，很可能是因爲期貨與選擇權的絕對報酬與虧損金額相當大，而認爲它們是一種投機的工具，是碰不得的金融怪獸。事實上這種觀念全然是錯誤的，在我看來，**任何投資工具的風險程度都是一樣的，衍生性金融商品的絕對報酬與損失之所以很大，完全是因爲高度財務槓桿的結果**，只要能做好資金控管，不僅不會出現追繳保證金或被斷頭的慘劇，還能幫助你掌握每一個多空關鍵點的致勝機會。

未來式的衍生性金融商品

股票和期貨的性質不同，最簡單的定義爲，股票是現在式的，期貨則是未來式的金融商品，是買賣雙方爲了控管風險，約定在未來的某一天，針對某一商品依契約內容執行買賣義務的標準化契約。期貨這種獨有的特性，讓它同時兼具了投機、避險和價格發現的功能。

一、投機功能。代表的是期貨高財務槓桿的特性，以台期指爲例，一口台期指原始保證金爲十二萬元，一點契約價值兩百元，若於六千點買進，投入十二萬元，就可以操作契約價值高達一百二十萬元的期貨契約，只要指數上漲或下跌三百點，就會出現高達六萬元的盈虧，投資報酬率或損失幅度高達五〇％。

二、避險功能。因爲期貨的多空條件完全相同，沒有類似股票放空的各種限制，多頭趨勢作多，空頭趨勢作空，不僅可在多頭行情初起時建立基本多頭部位，進行多頭避險，更可在空頭行情確立時，進行空頭避險，大大規避股票下跌的風險。

三、價格發現功能。因爲期貨具有判斷未來行情的特性，往往有領先現貨價格的現象，觀察期貨領先現貨的變化，更能幫助投資人判斷市場趨勢的變化。

抓趨勢、控資金

對於能充分掌握現貨波動的投資人，指數期貨是一個比股票更好的短線操作金融商品，因為它具有比股票更為單純的特性，沒有繁複的個股基本分析、技術分析，更不用理會老闆與公司誠信度、個股籌碼面分布，純粹只有自己對大盤趨勢的判斷。而且放空的時候，沒有股票平盤以下不得放空、股東會前兩個月須強制回補、融券自備款高達九成等諸多不合理規定，因此只要抓對大盤的趨勢與方向，短線投資報酬率都相當可觀。

期貨一直被市場誤認為是高風險的金融商品，其實期貨的漲跌幅也是七％，和一般股票並沒有差別，最大的差異是期貨是用「保證金」交易，是一種高財務槓桿的操作。這種方式很類似股票市場中的融資交易，利用少量的本金擴大操作規模，一旦出現正向獲利的時候，就會產生放大鏡似的效果，可是投資人若漫無目的地擴張信用，沒有良好的資金控管，一旦操作失利，不要說是指數期貨，就連股票也會面臨追繳保證金或斷頭的命運。

外資法人操作靈活

指數期貨的優點很多，若能充分瞭解它的優勢並加以運用，期貨往往是出奇致勝的法寶。因爲台灣衍生性金融市場發達，交易限制相對較少，與台灣本土投信法人相比，外資針對指數期貨的運用變成是家常便飯，操作策略明顯靈活許多。

外資法人發現一國股市可能出現多頭行情之前，通常都會先用指數期貨試單買進基本部位，等到確立多頭漲升行情的時候，才進場加碼買進現股，這種方式稱之爲「多頭避險」。多頭避險的優點是，行情一旦不如預期，只要將指數期貨平倉即可，反之，若行情與預期相同，指數期貨的獲利，就可以彌補個股上漲所墊高的成本。

若行情開始走空，外資法人因爲部位很大，很難在極短的時間內出清持股，這時外資通常都會進行「空頭避險」。也就是一邊賣出股票，一邊布建期貨空頭部位，在不追殺股票的前提下賣得比較理想的價位，賣出期貨的所得獲利，則拿來抵銷因爲停損所出現的虧損。

相較於外資法人的靈活，台灣本土投信法人因爲有最低持股七成的限制，遇到多頭行情的時候，了不起也只有三成的加碼空間，可是遇到空頭行情的時候，再怎麼減碼也要維持七成持股，所以台灣基金的投資績效往往爲人所詬病。雖然投信法人同樣可以利用指數期貨避險，但因爲也有周轉率與部位的限制，眞正利用指數期貨的投信法人並不多，即使眞的進場放空指數期貨避險，掌握的時間點往往也不夠理想，有時還會出現股票、期貨同時虧損的情況。

指數期貨與現貨要同方向操作

很多投資人和基金經理人誤解指數期貨避險的眞諦，認爲手上持有的股票漲多了，最好放空指數期貨來避險，以持盈保泰。事實上，這樣的操作方式不但沒有眞正達到避險的功能，還有打擊原有獲利的可能。期貨避險的眞義，是在布局現貨之前，爲了避免還沒布局完成，現貨股價就已經漲上去，因此在進貨的同時搭配買進期指多單，利用期指部位的獲利，把進貨的成本降低；出脫現貨部位的時候，則是爲了避免現貨不及出脫而擴大虧損，因此在出貨的同時搭配賣出期指空單，減低可能出現的虧損。所以期指與現貨之間的關係，基本上應該是「同方向」的，而不是反方向的操作。

價差潛藏的獲利機會

指數期貨與現貨指數之間的差距，稱之爲價差，價差的大小，通常是反應市場的多數心態，指數期貨雖然具有價格發現的功能，但有時也會因爲市場過度反應而使價差失真。所以抓住正逆價差的變化與觀察市場氣氛，不僅可以更正確地判斷後市多空，更可以大幅降低操作成本，賺取比別人更多的利潤。

以民國九十三年總統大選前三月的金融期指爲例，台股偏多發展，金融期指也由九百點一路漲到一千點，可是逆價差始終維持在一・五%上下，這明顯是空頭不死心的現象。但是金融期指一站上一千點之後，就立即轉爲正價差，最高正價差幅度曾經高達一・五%，換算爲指數就是十五大點，來回幅度高達三%。所以如果能善加利用正逆價差的判斷，行情即使沒有任何劇烈波動，光是正逆價差的變化就能輕鬆賺進三%的獲利。

以九十三年三月八日的行情爲例，市場行情偏多，可是最強的金融期卻反向呈現逆價差，於是我低檔承接金融期指，三月九日金融期指一開盤果然反應多頭氣勢，馬上轉爲十大點正價差，空頭認賠出場後，我順勢反向獲利出場，台期指當日也由高檔反轉而下，正價差也高達一百三十二點，我也同步減碼台期指多倉部位，來來回回就賺進不少價差。

為什麼正逆價差的變化如此重要？因為最強的期指在多頭行情中逆勢呈現逆價差，是很不合理的狀況，市場最後一定會還它一個公道，所以**要是能在逆價差的時候低檔承接，那麼相對風險就偏低，只要空頭一認輸停損出場，期指很快就會翻成正價差，光是價差由逆轉正的過程，就潛藏著無限的獲利機會。**

選舉過後造成期指價差劇變

民國九十年十二月立委選舉才剛結束，民進黨與台聯黨全面大勝，當時台股指數約莫在四千點上下，因為選前不確定因素充斥，市場顯得相對悲觀，台期指都維持著超過百點的逆價差。結果選後泛綠陣營大獲全勝，台期指行情猶如豬羊變色，現貨一路走高大漲，期市空方一看苗頭不對，全面回補手中空倉部位，形成強勁的軋空回補行情，於是台期指一路飆升，不僅把原本的大幅逆價差全部收斂，最後還拉升到漲停板。

未平倉合約判斷多空趨勢

除了正逆價差變化外，未平倉合約也是一個很重要的多空觀察指標，因爲透過成本結構與倉位分布去了解何方是掌控盤勢者，主導大盤的優勢方會逼迫弱勢方棄子投降。但要留意的是，一旦弱勢的一方彈盡援絕、投降認輸時，也就是行情可能開始逆轉的時候。

未平倉合約（Open Interest，簡稱ＯＩ），是指期貨市場中尚未了結的單邊期貨契約，代表等量的多頭與空頭部位；未平倉合約之於期貨，和成交量之於股票的關係不盡相同。未平倉合約代表的是趨勢的能量，未平倉合約愈高，代表往同一個趨勢的力量很大；未平倉合約減少，代表往同一個趨勢的力量減弱了；未平倉合約低迷，代表市場沒有什麼特別的看法，觀望者居多，行情不易有大幅波動。

當行情不斷走高，市場反呈逆價差，未平倉水位又居於高檔時，代表空方認爲行情一定會回檔，所以不斷加碼放空，造成逆價差持續擴大，未平倉合約也居高不下，但是空方如此逆勢而爲，最後被軋得受不了自然會棄守回補空倉部位，此時價差會大幅收斂甚或轉正，原本的軋空行情也將因此告一段落，即使沒有告一段落，也一定會進行盤整震盪整理。

而當行情走高，市場呈大幅正價差，未平倉水位也位於高檔時，代表多頭氣盛，上攻的力量相當強勁，一定要等到未平倉合約開始連續減少時，鉅幅的正價差才會收斂，短多行情才會暫告終結。在民國八十六年、八十七年電子股的大多頭行情，指數期貨一路從兩千點漲到六千點，期市大部分時間都是呈鉅幅正價差，後來還將指數一路推升到萬點以上，是台股有史以來罕見的大多頭行情。

如果未平倉合約偏低，代表多空雙方都在觀望，市場聚集的多空能量很低，無法形成明朗的多空趨勢，因此行情進入盤整且混沌不明的狀態，民國九十二年十月及十一月台股陷入盤整時，就是這種狀況。

獲利關鍵：感受市場人氣

未平倉合約的多寡可視爲行情的多空能量，可是未平倉合約的多寡也不是萬靈丹，最好能搭配現貨市場的人氣指標，以提升行情判斷的正確性。投資人可以從營業大廳裡面去感受市場人氣的強弱。

行情上漲的時候，持有股票部位的投資人想賣出手中持股，之前沒有部位的人則想逢低進場買進，等著進場作多的買盤不虞匱乏。這時買賣雙方想法是對稱的，因此行情變化就不會太大，即使指數出現拉回也只是修正而已。

可是，行情一直上漲，原先持有的人不想賣出，手中沒有部位的人又想進場買進，大家都想要買，沒有人要賣，買賣雙方想法過於一致，行情就容易出現失控。因為行情熱到最後，想買的人都買了，最後會變成沒有買方，只剩下滿手股票的投資人，這個時候就代表行情即將反轉。

台股在民國九十三年三月漲到七千一百三十五點之後高檔殺下來，正價差還高達一百三十二點，因為價差沒有收斂，代表市場沒有危機意識，市場全面偏多，所以我開始賣出原有的多頭期貨部位。賺足這一波多頭行情後，期指開始出現收斂，光是一個價差收斂，來回的獲利就又多出一百多點。

套利的實益性不高

每當市場出現較大幅度的價差，往往都有不少法人機構利用現貨與期貨形成的鉅幅價差，大行所謂的「套利」。常見的套利方式，包括現貨與期貨、摩台指與台期指，電子期、金融期與台指現貨的三方套利，可是套利時機可遇不可求，一定要等市場出現不合理價差的時候，才有套利的機會，一年出現的機會可能還不到五次，而且還要搭配電腦系統計算進出場時點，繁複的程度不是一般散戶投資人可以想像的。

我曾和許多壽險公司投資操盤手討論過套利的可行性與必要性。套利因爲幾乎沒有風險，雖然可行，但是站在單純要求賺錢的角度而言，利潤有多高？掐指一算不過〇・五%，這種報酬率不僅比定存利率還低，對於追求絕對報酬的法人或自營商而言，也沒有理由花費大量成本，去賺取區區不到一%的報酬，正因爲套利的投資報酬率相當不經濟，所以我並不鼓勵套利行爲。正確的作法，還是應該集中火力賺取波段利潤，把賺錢的速度加快。

選擇權成新寵

相較於指數期貨不是大賺就大賠的操作特性，台指選擇權自民國九十年底上市交易後，因爲多空皆宜、操作靈活的交易特性，已經凌駕指數期貨成爲市場新寵。選擇權起源

表 3.1　選擇權買賣方權利義務暨多空方向判別

標的	買權（＋）		賣權（－）	
立場	買方（＋）	賣方（－）	買方（＋）	賣方（－）
權利	向賣方以協定價格買得買權	收權利金	向賣方以協定價格買得賣權	收權利金
義務	付權利金	將買權賣給買方而且要先支付保證金	付權利金	將賣權賣給買方並要先支付保證金
多空	＋＋＝＋作多	＋－＝－作空	－＋＝－作空	－－＝＋作多
風險	最大風險爲權利金	風險無限	最大風險爲權利金	風險無限
利潤	利潤無限	最大利潤爲權利金	利潤無限	最大利潤爲權利金

於十七世紀荷蘭人買賣鬱金香時的避險工具，是一種權利，讓買賣雙方約定在議定的到期日或是到期日之前，擁有依照履約價格買進或賣出標的物的權利或義務。

選擇權有「買權」（call）與「賣權」（put）兩種，買權是看多的權利，賣權是看空的權利。買方的權利是在議定的到期日或是到期日之前，擁有依照履約價格買進標的物，相對的義務是付出一定額度的「權利金」（Premium）。賣方的義務是在議定的到期日或是到期日之前，擁有依照履約價格賣出標的物的義務，相對的權利是可以收取一定額度的權利金，但是必須先支付保證金（參閱表3.1）。

選擇權交易形態千變萬化，基本形態計有：「買進買權」、「買進賣權」、「賣出買權」、「賣出賣權」四種，還可以組合成超過數十種的交易策略，無限延伸，不同於一般股票或期貨只有「多」、「空」兩種。買進買權，是持有看多的權利；買進賣權，是持有看空的權利；賣出買權，是讓與看多的權利，相當於看空；賣出賣權，則是讓與看空的權利，相當於看多。

時間價值與波動率

不同於股票或指數期貨，選擇權的權利金因為有內涵價值（intrinsic value）與時間價值（time value），因而決定了買方與賣方成本的高低。內涵價值是履約價與市價間的差距，但價外時並不具有內涵價值；時間價值則是權利金扣除內涵價值後的剩餘價值，而距離到期日所剩的時間長短將影響時間價值的多寡，時間越短，時間價值就越少，到了到期日時，選擇權就只剩下內涵價值，時間價值為零。

波動率（Volatility）則是標的物市場價格變動的速度。一般而言，波動率愈高，市場價格變動的速度就愈快，選擇權的價值也會跟著水漲船高。波動率愈高，比較適合站在賣方收取權利金，相反地，波動率愈低，支付權利金對於買方來說成本較低，獲利機會較高。

買方賣方何者獲利多？

所有的國內外選擇權教科書，都是說選擇權的買方風險有限，獲利無限，而選擇權的賣方是風險無限，獲利有限。這個觀點在理論上是成立的，但實務上卻完全不是這樣。爲什麼這麼說呢？就拿著名的美國拉斯維加斯賭場來說，究竟是一般的賭客贏面比較大？還是作莊的人贏面比較大？一般賭客雖然也常有大贏的例子，但是大體而言，還是作莊的人贏面最大。

同樣的，選擇權的買方雖然表面上看起來是風險有限，獲利無限，但在隱含波動率偏高時買進選擇權，所付出的成本便相對偏高，一旦波動率下降時，即使行情不漲不跌，也會出現大幅虧損。另一方面，選擇權的賣方雖然表面上看起來是風險無限，獲利有限，可是若能在選擇權市場出現不合理權利金時反向賣出，等到波動率下降時，時間價值遞耗的速度就會很快，獲利幅度同樣不讓買方專美於前。而且因爲當賣方需要支付一筆保證金，反而能幫助你做好風險管理，只要做好資金控管，風險一樣可以獲得有效控制。

財務槓桿效果

選擇權和期貨一樣都是屬於衍生性金融商品，也都具有高財務槓桿的特性，以台股九十三年二月底從六千六百點上漲爲例，當時買方只要支付六十多點的權利金即可買到六千六百點的買權，後來指數大漲五百點，權利金也大漲到近五百點，投資報酬率高達八倍。總統大選後更是離譜，受非經濟因素衝擊，台股當天大跌四百多點，賣權全面大漲，六千點的賣權權利金在一天之內就漲了二十倍。這種不合理的波動是千載難逢的機會，一輩子可說是難得出現幾次，只要能充分掌握，財富累積的速度都相當可觀。

對買方而言，最希望碰到的當然是波動激烈的盤勢，所以當選擇權的買方，應該在行情開始出現突破的時候，先嘗試去買進價外買權，一旦確認趨勢，就大量加碼，加快獲利速度。民國九十三年初行情攻到六千八百點時，六千九百點買權的權利金不到七十點，可是行情後來漲到七千兩百點時，買權權利金已經大漲到三百點，短短三、四天就大漲五倍之多。

第二次美伊戰爭及SARS疫情期間，在電視台日夜不停地「疲勞轟炸」之下，整個台股瀰漫在一股極度恐慌的氣氛中。可是台灣疫情最嚴重的時候，新加坡、香港等亞太疫區不僅疫情已獲得有效控制，港股及星股更開始止跌反彈，這個訊號讓我對台股後市充滿信心。而且台股跌到四千零四十四點之後，所有的報章媒體、研究報告都認爲四千點關卡不保，過於一致的偏空看法，更讓我警覺市場有異，於是我不選擇跟著市場看法走，反向一路賣出四千兩百點的賣權，後來台股大幅反彈，我便在選擇權部位大獲全勝。

獲利出場之後，台股不但回復了生機，而且空頭趨勢還有被扭轉的跡象，因爲當時選擇權權利金價格不高，因此對於買方相當有利，於是我也反向買進買權。或許有人會問，「你怎麼知道四千零四十四點是底部低點？」坦白說，我不是神，也沒辦法預估得這麼神準，可是眼見市場投資人都沒信心，就算不是底部也相去不遠了，而且當時買權權利金不高，進場的風險可說是相當有限。

勝券在握的莊家

當買方的投資報酬率雖然比賣方高，可是大部分時間，我卻習慣當個賣方，特別是**在選擇權市場出現不合理的權利金價格時，我總喜歡大大方方當個莊家，收取買方的權利金**。因為選擇權可能同時有內涵價值和時間價值，時間價值過高，就會出現所謂的「再溢價」。再溢價幅度過高，代表買方的成本偏高，這反而是當賣方吃買方豆腐的最好時機。

台股於民國九十三年三月五日突破七千一百點，指數期貨衝上七千兩百點，而七千三百點的買權權利金卻高達一百二十點。這等於是說，現貨指數要漲到七千四百二十點以上，買進七千三百點履約價的買權才能「損益兩平」，可是當時市場已經全面噴出了，再連續大漲的機率不高，於是我大量賣出七千三百點的買權，後來行情從七千一百三十五點反轉，買權權利金大幅跌挫，我也樂得大啖買方豆腐。

外資樂作台股選擇權

由於摩台指漲跌幅較寬，較具流動性，成份股具指標意義，又享有免稅優惠，因此外資操作指數期貨，大部分都在新加坡摩台指市場下單居多。不過選擇權市場可就不同了，新加坡摩台指選擇權市場交易熱絡程度遠遠不如台灣，很多外資都已開始默默在台指選擇權市場進出。九十三年二月底，美商美林證券就曾一口氣買進一萬多口六千九百點的買權，結果台期指三月初一度衝上七千二百點，美林證券口袋當然是麥克麥克。

韓國 KOPSI200 世界第一

韓國在地緣、經濟、政治及金融結構上，與台灣極爲類似，台灣雖然幸運地度過了亞洲金融風暴，但是近幾年在金融改革、金融自由化及法規的開放上，卻顯得相對牛步。台灣選擇權商品推出時間與韓國雖然僅僅差了一年，但市場規模卻相去甚遠，根據美國期貨產業協會（Futures Industry Association）統計，二〇〇三年全球選擇權全年交易量達五十一億四千兩百萬口，台灣選擇權市場在該年總交易量兩千一百七十二萬口，雖然位居全球第三十七大市場，可是韓國 KOPSI200 選擇權全年總成交量高達二十八億三千七百萬口，足足是台灣選擇權市場規模的百倍以上，還高居全球之冠。

韓國歷經亞洲金融風暴之後，整個金融結構體受到前所未有的衝擊與破壞，散戶也因爲缺乏避險的觀念，個個遍體鱗傷。可是隨著韓國政府推動金融改革、金融自由化、大幅開放外資等多項措施之後，韓國金融體質從絕對破壞後重建，擺脫亞洲金融風暴的陰霾，再加上寬頻網路的積極建置，使得KOPSI200選擇權交易量一飛沖天，每年均以三至五倍的速度鉅幅成長，一舉成爲全球指數選擇權交易量最大的單一商品。韓國的成功經驗，確實值得台灣加以學習與借鏡。

不對稱部位操作

市場上很多賣方習慣去作「賣出勒式」或「賣出跨式」，也就是買權和賣權對稱式均衡交易，我雖然也習慣當賣方，但我的作法是採取「不對稱部位」交易，也就是先作趨勢方的賣出交易，偏多的時候以賣出賣權爲主，偏空的時候則以賣出買權爲主，不作同時賣出買權和賣權的對稱交易。作對稱式的賣出勒式或跨式交易，買賣權一定有一方會處於虧損的狀態，另一方雖有獲利，但整體而言，反而容易侵蝕獲利。可是**不對稱交易有個優勢，只要趨勢判斷沒有失誤，很容易將獲利報酬在最短時間內最大化**。

台股在民國九十三年總統大選前在六千七百點附近盤旋，看好指數可望於選前衝上七

千點，於是我選擇賣出六千七百點的賣權，後來指數果然扶搖直上，賣權權利金則愈跌愈低。反之，若是同時賣出買權和賣權，賣權的部分雖然獲利，但買權的部分就會侵蝕掉賣權的獲利。因此我所採取的不對稱部位比較能伸縮自如，就算看錯趨勢，解掉原先的部位還是能重新布局新的倉位。

我的資金規劃是採四、四、二的方式，也就是股票、選擇權各佔四成資金，期貨則只佔兩成資金。這樣的資金配置，是因爲期貨可以在多空趨勢明朗時，加快獲利的速度，但因爲盤整盤時不易獲利，這個時候當賣方作選擇權的不對稱交易，利潤反而會比較高；而且股票行情波動不至於像期貨或選擇權那般劇烈，因此也與選擇權作同等的配置，如此就可以同時應付多頭、空頭和盤整行情。

資金控管至上

我曾經看過很多客戶，賺錢的時候可以賺很多，但行情忽然一反轉就大虧，甚至連本帶利全部虧光，所以我常說「散戶賠錢速度太快，賺錢速度太慢」，最大的原因，就是資金控管不好。特別是散戶對這種高財務槓桿的金融商品容易疏忽風險控管，加上貪念的誘惑，常常誘使投資人在市場過熱的時候作到滿倉，行情波動一大，投資人往往容易在這種關鍵時刻損兵折將，甚至全盤盡墨而無力回天。

期貨和選擇權都是絕對損益很高的衍生性商品，也是一般散戶投資人較不熟悉的金融商品，**現貨指數如果下跌三%，一般股票損失或許不大，可是期貨或選擇權經過財務槓桿的放大效果，損失可能就是三〇%以上**。所以操作這一類的金融商品，一定要做好嚴格的資金控管，也就是「保留虧損的空間」；沒有做好資金控管就進場，在期貨市場操作是相當忌諱的。資金控管主要是預防大盤出現突發性利空時，所做的危機處理，和俗諺「留得青山在，不怕沒柴燒」有異曲同工之妙。這個原則不是故意觸投資人的楣頭，而是我個人在這個市場長期存活的最重要原則，否則一旦不小心從市場畢業，要再翻身就難如登天了。

投資人交易期貨，必須先於期貨公司所指定的銀行保證金專戶中存入所需的「原始保證金」，一旦原始保證金低於期貨交易所需的最低水準——「維持保證金」時，就必須在指定時間內將保證金餘額補繳至原始保證金的金額，否則就會被期貨公司予以斷頭了結出場。

以台期指爲例，目前台期指一口原始保證金十二萬元，維持保證金九萬元，若投資人只準備「嘟嘟好」的原始保證金，在六千八百點買進一口台期指，而萬一行情看錯，指數跌挫一百五十點至六千六百五十點以下，達到一定的比例時，爲了避免投資人過度虧損而無力履約，期貨商便會依規定，通知投資人補足保證金至原始保證金（十二萬元）以上。投資人必須於規定時間內補足差額至原始保證金以上，否則期貨經紀商便有權利代客戶就該期貨部位平倉，也就是俗稱的「斷頭」。

「二口糧只吃一口飯」

要怎麼做好資金控管？簡單說就是不要作到滿倉，多準備一些預留的虧損空間，讓自己的精神壓力不要這麼大。簡單的口訣是「作一口留一口錢」，也就是你操作一口期貨，至少要預留一倍相同的資金，作爲東山再起的準備。以一百萬元爲單位來說，現在一口台期指原始保證金十二萬元（參閱表3.2），留倉以不超過四口爲限，也就是用掉了四十八萬元的必要資金，還有五十二萬元做預備，資金運用絕對不能超過二分之一。

因爲若有突發性消息導致盤勢表現與手中部位方向相反的時候，一開盤通常就只有賠

表 3.2 台灣期貨商品交易資訊

商品		保證金	今年日均量	史上最高紀錄	
				史上天量	出現時間
期貨	台指	12 萬元	39406	88779	93.03.23
	小台指	3 萬元	6663	15326	93.04.30
	電子	9 萬元	7805	17016	93.03.05
	金融	9 萬元	13352	29976	93.02.13
	台灣 50	16.5 萬元	3	297	92.07.07
	股價指數期貨合計	-	67229	144705	93.03.23
	10 年期政府公債期貨	10.5 萬元	262	1178	93.01.02
	合計	-	67491	144839	93.03.23
選擇權	台指選擇權	-	199112	418634	93.02.12
	股票選擇權合計（註）		57	5931	92.01.23
合計		-	199169		
全商品合計		-	266660	546968	93.02.12

註：南亞、中鋼、聯電、台積電、富邦金。

錢的份，連加碼的能力都沒有，甚至連差價也無法操作。但若能用兩倍於保證金的資金來操作，就可以在市場過於恐慌的時候搶個反彈，作差價，這樣的操作就會相對靈活順暢一些。不只是買方，賣方也是一樣，不然如果行情一出現大幅波動時，作空被軋空，反手作多還會被殺多，兩方都會面臨保證金追繳。

民國九十三年總統大選的行情就是最好例子，有的投資人原先認爲七千點應該過不去，所以就去布六千九百點的空單，沒想到行情直接衝過七千點，還被軋到七千兩百點，後來他受不了了，乾脆停損出場反手作多，結果行情又由高點急轉直下，指數一舉下挫到六千五百點以下，來回兩邊都被修理。

總統大選的隔天交易日更是如此，期指直接掛在六千三百五十點，而且是跌停鎖死，選前作多的投資人根本跑都跑不掉。有充裕資金的投資人應付保證金追繳都來不及了，更別提選前全部壓滿倉，選後連還手之力都沒有的悲慘投資人。有太多的投資人都是如此，第一天手上的期貨根本賣不掉，但又無力應付保證金追繳，結果全部砍在第二天的跌停板價位五千九百零八點，一口虧九百點，還眞的是「一口期貨賠兩口期貨保證金的錢」。

盤整盤市場錯覺多

高手不怕行情走多，也不怕行情走空，最感到害怕的，往往是行情盤整、不上不下的時候，所以長期以來，盤整盤往往是很多股市和期市高手的墓地。因爲盤整盤時，市場常會出現很多錯覺，感覺行情要突破的時候，期指正價差會不斷擴大，並且進場跟進追價，結果隔天多頭力量反而消失了，行情還反向壓了回來；下挫的時候，眼看要跌破支撐了，期指出現鉅幅價差，結果隔天空頭的力量又消失了，多空相互僵持，忽多忽空，反覆不定，這時候的操作難度最高。

要防止在盤整盤中受傷，最好的處理方式就是在不順的時候將部位減低。因爲行情多空訊號反覆，你無法預測未來行情會怎麼走，在作多也不是、作空也不是的兩難情況下，表示作多或作空都錯，這時不作或是減碼就是最好的處理方式。應盡量只以小部位去試單就好，因爲行情不可能永遠走多頭，或永遠走空頭，行情演變到一定的過程，也很可能會有一段長時間的盤整。而盤整盤的操作難度是最高的，特別是在一百點以內的盤整，不過這時若能利用賣出選擇權的方式賺取權利金的遞耗，也是一種很好的因應之道。

第四章

作空獲利寶典

趨勢不可違，順勢操作輕輕鬆鬆，

多空行情都能掌握必定能成為股市大贏家。

一般投資人都習慣作多，

本章將與您探討「作空的祕訣」。

投資是為賺錢

行情有多有空，有起有落，再好的行情，股票也沒有只漲不跌的，很多散戶投資人往往只知道買進，不知道賣出，套牢的時候就死抱活抱，催眠自己說是「長期投資」，遇到多頭回馬鎗或是空頭市場的時候，可就輸得「稀累累」了。根據我多年在股市翻滾的經驗，若想要在股票市場賺大錢，投資人要的不只是在多頭行情時「趁勝追擊」，更要在空頭行情時「追殺窮寇」，對於行情後市不應該預設立場，該多就多，該空就空，順著趨勢作就對了。

賺錢的速度太慢，賠錢的速度太快，是多數散戶賺不到錢的第一個原因。另外一個原因則是不知道自己投資的最終目的爲何？究竟是爲了抱股票？還是要賺錢？我想沒有人是爲了收藏股票而下海的，百分之百都是爲了能拿走現金獲利了結，所以不管作多作空都無所謂，只要能幫助自己達成賺錢的目的，就應該義無反顧順著趨勢去執行。

空頭市場又稱爲「熊市」，多頭市場則稱爲「牛市」。這樣的說法源起於過去美國西部有一項很受歡迎的「熊、牛相鬥」的表演，當熊受到牛的攻擊時，會先以後肢支撐身體站立，再迅速揮出熊掌由上而下向對手撲擊。當股市大跌的時候，指數就像被熊掌攻擊一樣快速向下探底，因此空頭市場又稱之爲熊市。相反地，牛在攻擊的時候，會使用其牛角由下向上頂擊，象徵股市大漲時股價由底部向上翻揚，因此多頭市場被稱爲牛市。

作多作空皆宜

究竟是作多容易賺錢？還是作空容易賺錢？其實只要趨勢抓對了，該多就多，該空就空，順勢而爲，賺錢就會很輕鬆。對於作多或作空不要太過執著，尤其當行情與預期走勢相反時，很容易因「當局者迷」而變成死多頭或死空頭，所以每週檢討操作策略，檢視投資報酬率是必要的功課，而且更要時時客觀地看待事物，一切都順勢操作。

在此我要強調的是，作空也一樣能賺大錢！要是只會作多，不會作空，就好像全套武功只學了招式而沒學心法，招式就算再精，不能融匯貫通也是施展不開的。許多散戶朋友作多作習慣了，不習慣作空，聽到有人放空，就恨得牙癢癢的，認爲放空的人都是「投機份子」。的確，在台灣股市作空似乎是被認爲「不道德」的，因爲多數投資人今天還沒有作空的基本觀念。可是作空不但是一件合法的事，而且還是每一個在股市打滾的投資人都應該學習的操作邏輯。

散戶投資人因爲太習慣作多，無形之中很容易變成「死多頭」，一旦空頭行情來臨，常因沒有避險的觀念而損失慘重。其實作空只是順勢操作的一環，本質上並不是什麼罪惡的事，要知道萬事萬物都有一體兩面，有天有地，有陽有陰，市場也是有多有空，作多和作空的原理都是一樣的。

靠作空累積財富

投資人不敢作空的原因，大部分都是因爲心中已經有了既定的偏見。十六年來，我的操作沒有立場，完全看市場呈現的多空訊號而定，我的財富，有一大半也是靠過去兩次大規模作空所「貢獻」的。第一次是民國七十九年伊拉克入侵科威特之前，趨勢翻空，每一檔股票股價都像溜滑梯一樣一路盤跌，後來戰爭爆發，股票暴跌的速度更快，當時市場都將元凶指向戰爭造成的，可是盤勢在戰爭尚未爆發前早已有了敗象，我也一路放空到隔年初，才陸續回補。

第二次放空是從民國八十九年十月以降，當時全球景氣不佳，美股頻遭熊掌撲擊，政府又決定停建核四，台股連番重挫，月線、季線等中長期支撐線都是連番失守，每一個訊號都是趨勢明顯翻空的訊號。後來政府雖然宣示要護盤，可是市場似乎不怎麼捧場，場外大筆資金搶著護盤，大盤漲勢卻像老牛拖車，怎麼拉也拉不動，表示空方的力量很大，整個市場都等政府來買帳。等到政府的買盤力量耗盡之後，空方的能量一定會變得更強，國安基金後來雖然企圖力挽狂瀾，想要將指數從五千點拉到六千點，可是護盤結束後大盤不僅兵敗如山倒，而且跌的重力加速度比反彈的時候還要快。

除了趨勢轉空之外，盤面上的指標股陸續出現獲利大幅衰退等基本面走空訊息，例如每一年都炒得火紅的DRAM股，DRAM當時報價在十美元上下，市場普遍樂觀預估報價可衝至十美元以上，力晶股價因此漲到七十多元，茂矽也有一百多元。但市場假性需求被拆穿後，DRAM現貨價崩跌，CD-R狂跌，這些景氣循環股最後都跌到骨頭裡，還有網路泡沫化、房地產崩解、銀行呆帳增加，整個股票市場沒有任何一個有利因素，只有利空環伺。

散戶的優勢

很多散戶朋友總會覺得技不如「法人」，這種看法只是因爲沒有抓到投資竅門。所謂的法人，只是錢比較多的「散戶」而已，法人在股票市場裡面的操作靈活度還不如一般散戶。法人不能融券放空，股票型基金還得遵守七成持股的限制，不行賣光股票，想要作空只能到期貨市場去避險，但放空指數期貨限制又多如牛毛，此外，眞正了解期貨避險的基金經理人又有多少？所以空頭市場來臨的時候，很多股票型基金的績效都是一落千丈，淨值跌得比大盤指數還凶。相反的，散戶只要對自己負責，不用擔心報告如何撰寫，相對進出會比法人靈活，這也就是散戶的優勢。

多空分野一線間

空頭市場究竟有什麼現象可以依循？

《易經》有云：「動靜有常，剛柔斷矣。」動爲陽，靜爲陰，動之前必有靜，動之後

亦有靜，動即變，變而有常，這個動靜的道理是自然而且有規律的法則，所以天地日月星辰，萬事萬物隨時都在依照這個看似變動的不變法則而規律變化，陰陽升降，進退消長。

因此，多空是一體兩面的，多空的分野其實就和四季的交替一樣，春神降臨之前，一定是乍暖還寒，冬雪融解，秋意欲興之前，一定可以看到漫山楓紅，秋風蕭瑟，多與空往往只是一線之隔。

空頭最大的特徵，就是行情量大不漲，利多不漲，但多數作多的人還不願意面對現實，不願出脫持股離場，等到利空出現的時候，就開始出現一陣極度慘烈的殺閥。

空頭市場來臨之前，一定是市場全面看好後市景氣，股票市場熱到極點，散戶人手一張股票，融資餘額節節高升，可是指標股利多不漲，利空時卻一定會大大的反應。民國八十九年的萬點行情，就是全市場都開香檳慶祝，所有產業一致看好，融資餘額更衝上五千億元，但不論怎麼刺激，行情就是衝不上去；而當網路科技一出現泡沫化問題、政府宣布停建核四等利空消息一出，空頭反撲的勁道就又快又急。

景氣循環造就多空市場

空頭市場何以會有這些「誘人」的徵兆？主要還是與景氣循環有關。一個完整的景氣循環週期，通常歷經復甦、繁榮、高原、遲緩、衰退及蕭條等循環過程。一般而言，景氣復甦時，經濟由谷底回升，企業獲利增加，產能利用率上升，通膨壓力尚未出現，利率維持穩定，這時股市表現通常會出現一段初升段漲勢。

進入繁榮期後，經濟進一步大幅成長，企業獲利快速增加，市場消費力大增，股市出現多頭的主升段攻擊。可是景氣往上走的動能不可能無限延續，經濟成長到高峰之後，通貨膨脹壓力漸漸升高，利率開始有向上調升的壓力，消費需求穩定，企業資金成本提高，新的投資無法獲利，於是經濟開始出現遲緩下降。股市在這時就開始有反轉的危機，最後甚至形成長時間的衰退與景氣蕭條。

景氣循環在經濟學上雖然是一個自然現象，可是最難以判斷、最容易失去戒心的時候，往往是景氣由谷底徘徊邁入復甦之前，或是由繁榮步入衰退之前。這兩個時期，因爲有一層隱晦不明的灰色地帶，行情在此常常反覆震盪，這時投資股票往往最容易受傷。而且實際的經濟活動，因全球經濟結構出現質變量變、市場供需狀況難以預料，再加上人爲的政治性衝擊，使得景氣眞正循環週期無法預估。此外每一次經濟衰退所帶來的衝擊也是愈發凶猛，過去的石油危機、網路科技泡沫、亞洲金融風暴，本質及類型上都有極顯著的差異，如何客觀判斷行情多空，是散戶投資人多空進退依據的重要指標。

利率升降判斷多空市場

除了經濟景氣之外，利率升降是判斷多空市場的另一個重要指標。央行調降存款準備率時，通常就是一個很好的放空點，因爲景氣變差了才需要調降利率刺激景氣，美股自西元二〇〇〇年泡沫經濟之後，爲了刺激開始逐步轉弱的經濟現狀，前後就調了十三次利率，第一次調降利率就可以知道美國經濟榮景不再，連續調降十三次利率，就可以知道美國的經濟說有多差就有多差了。後來果然道瓊跌破萬點，那斯達克及費城半導體指數雙雙腰斬再腰斬，台灣過去幾年的情況也是這樣。相反地，當央行反向調高利率的時候，就是確定經濟已經不會更壞了，才敢做這麼冒險的事，因而反而是考慮應該作多的時刻。

放空限制擋不住行情趨勢

股市是一個國家的經濟櫥窗，所以大多數的政府心態都是偏多的，因此對於作空相當忌諱，融券放空的規定十分嚴格。以交易成本比較，上市股票融資只需準備四成自有資金，上櫃股票五成，而融券放空卻要自備九成的保證金，過去還曾經把融券保證金提高到一五〇％，此外還限制平盤之下不能放空；但在種種不公平的限制下，股市行情終究還是會順著趨勢走它自己的路。

融券放空還必須注意時機的問題。現行公司法規定股東會兩個月前、除權前一個星期要融券回補，進行放空時，若選離這些時間很近，或是在密集除權的旺季，因爲強迫回補的規定，通常會被迫「提前繳械」。所以最好不要在這個時候放空，否則即使勉強放空，很快就要面臨強迫回補的問題；最好等到除權後，強制回補限制都解除了，才會是比較理想的放空時點。過去在舊法時代，很多「惡質」的公司會突然宣布召開「臨時股東會」逼迫空單回補，營造軋空行情，如今臨時股東會前已經不需要回補了，這種不公平的現象也因此少了許多。

行情會走多走空，完全是趨勢的力量造成的，絕對不是融資買進或融券賣出的交易人可以一手左右的。卯足全力融資買進股票的人，最後的目的一定是要賣出股票獲利了結，因此未來市場最大的賣壓，一定是這些融資買進最凶的人，所以大盤大跌時，最常聽到的結果一定是「融資多殺多」，而不是融券餘額創新高。反觀融券放空的人，最後目的是要回補買進股票獲利，表面上看起來是盤勢下跌的元兇，最後卻是市場最大的潛在買盤，所以政府政策提高融券的交易門檻實在沒什麼必要。台灣第一檔指數型股票基金「台灣五十ETF」多空條件一樣，多空武器對等，是值得參考與鼓勵的金融商品（參閱附錄表6）。

平盤以下不得放空，融券保證金高達九成，表面上看起來是成本提高，大大增加操作門檻，讓人綁手綁腳，可是在我看來，趨勢眞正走空時，就好比雪崩，怎麼擋也擋不住。交易成本提高，反而有利於限制交易人的條件，不會有太多人來搶融券，無形中排除不少市場競爭者。至於平盤以下不得放空，看起來好像也是增加交易困難度，但其實這樣有利於降低放空成本，把放空的價位提高。

表 4.1　ETF 與共同基金比較

	ETF	共同基金（股票型）
交易成本	千分之 1.425 手續費 +交易稅	手續費+經理費+ 保管費
管理方式	被動式管理 務求與指數完全連動	主動式管理 透過選股達到預定報 酬率並擊敗大盤
交易方式	如同股票	依每日收盤後結算淨 值

ETF重要性漸增

指數股票型基金（Exchange Traded Fund，簡稱ETF），是一種指數化的基金，是兼具股票、開放式指數基金與封閉式指數基金的金融商品，又稱爲指數股票（Index Shares）或指數參與單位（Index Participation Units）。ETF交易方式就像股票一樣，投資人經由證券商開立股票帳戶，就可以在集中市場交易時間內買賣ETF，也可以使用融資融券和零股交易。投資人不需要個別購買指數成份股，就可以直接參與股價指數的表現，更重要的是，ETF還可以放空，多空條件平等，是台股很重要的一項新興金融商品（參閱表4.1、4.2、4.3）。

台灣已發行交易的「台灣五十ETF」，就是選

表 4.2　ETF 與封閉式、開放式基金之比較

ETF	封閉式基金	開放式基金
■ 輕微溢價或折價	■ 出現溢價或折價	■ 無溢價或折價
■ 以市價隨時買賣	■ 以市價隨時買賣	■ 以固定價格進行
■ 能透過任何經紀商買賣	■ 能透過任何經紀商買賣	■ 只能在基金公司或透過指定仲介人買賣
■ 能作抵押及賣空	■ 能作抵押及賣空	■ 很難作抵押及賣空

擇五十支權重股作爲組成份子，這五十支權重股會形成一個相對指數，投資人買進台灣五十指數基金，就等於持有這五十支權重股的部分持分。舉例來說，台灣五十指數爲四千三百點，ETF的成交價即爲四十三元，投資人只要花四萬三千元就可以買進一張指數股票基金，依個股權重的不同，等於買進台積電、國泰金、聯電……等不同的持分，未來台灣五十指數ETF每天的漲跌，就是反應所有成份股價格的波動。由於這五十支成份股篩選條件極爲嚴格，個股只要一不符合要件，每一季就有可能被踢出榜外，所以非常具有參考價值，甚至要比一百支摩根成分股更具有指標意義，而國安基金每每進場護盤時，也都是以這五十支個股爲主要護盤標的。

台灣五十指數是用來表彰台灣股票市場的績效，

表 4.3　ETF 與股票之比較

	ETF	股票
交易方式	同股票，可融資融券	可融資融券
交易稅率	千分之一	千分之三
交易標的	五十支個股投資組合	單一個股

它使用富時指數的公眾流通量（Free Float）❶方法計算，篩選出台股市值最大的五十支股票，來作為指數的成份股，並由市場專業人士組成獨立的指數諮詢委員會，來進行管理。委員會在每年一月、四月、七月和十月進行季度審核，成份股的變動是在審核當月第三個星期五之後的下一個交易日執行。

空頭市場放空要領

找出被高估的股票

確定是空頭市場後，要如何挑選個股作空？空頭市場選股放空的要領，和多頭市場選股一樣，也是從同類股公司的價值作比較分析，找出被高估的個股予以痛擊。金融與金融比，台新金與新光金比，面板與面板比，友達與奇美電比，透過每股盈餘、本益比的相互比較，了解個股是否有被高估或被低估的現象，如果被低估的股票不漲反跌，被高估的個股回檔壓力一定更大，因此放空被高估個

圖 4.1　2343 精業歷史走勢圖

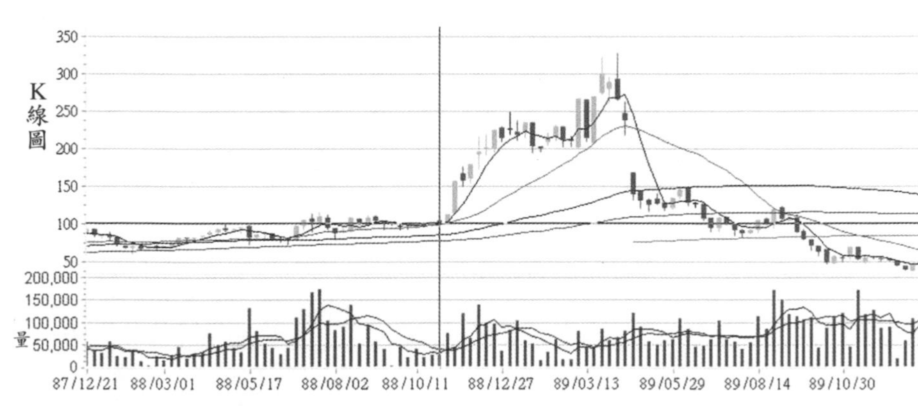

股的獲利機率一定不小。相反地，如果被高估的股票都不跌了，被低估的股票上漲速度就會很快。

放空弱勢股

民國八十九年總統大選之後，全市場莫不沉浸在萬點的歡愉氣氛中，大家都期待著接下來的除權行情，尤其是網路股代表──精業（參閱圖4.1），是第一檔除權的電子股，股價曾一度漲升至三百元以上，立即成爲萬衆矚目的焦點所在。不過跌破衆人眼鏡的是，精業除權第一天就以跌停板收場，我當時就嗅到一股不對勁的氣息，後來每一支除權的個股都沒有塡權行情，反而都貼權，趨勢反轉的訊號相當明顯。

威盛可算是我最得意的代表作，從兩百多元抱

圖 4.2　2349 錸德歷史走勢圖

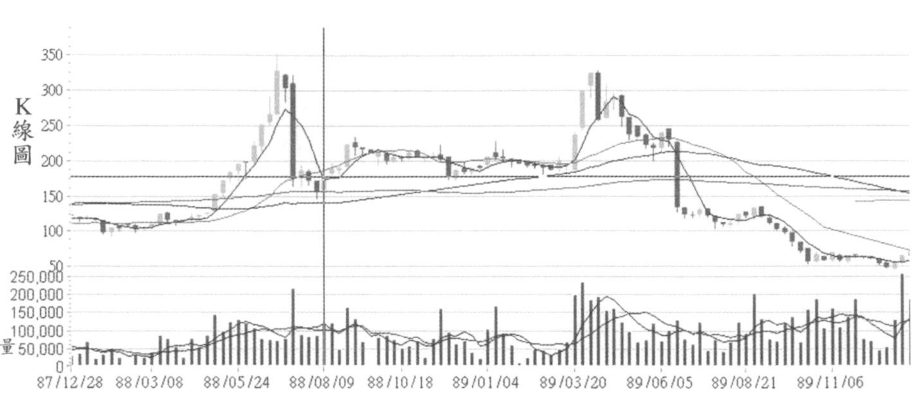

到六百多元出場，是我抱得最久的一檔個股，後來卻淪爲放空的投資標的，就是因爲威盛股價被高估太多了。威盛本益比高達五十倍，可是威盛戰勝英特爾後並沒有開發出殺手級的替代新產品，面臨晶片組產品世代交替不再推陳出新，過去擁有的龐大利基不再，獲利能力開始下滑，除權第一天又爆大量。當時的錸德、中環股本擴張過快，獲利能力未相對提升，因此也是同樣的跌勢（參閱圖4.2、4.3）一般遇到空頭市場的高價除權股，在本益比相對偏高的情況下，股價下修的壓力都比一般股票來得大，過去的廣達、華碩都是同一個模式，除完權後就沒有戲可唱了，跌挫的速度可說是又快又急。

其他放空的選股原則，大部分還是與基本面有關。**最好的放空標的，是基本面出現疑慮、業績衰退**

圖 4.3　2323 中環歷史走勢圖

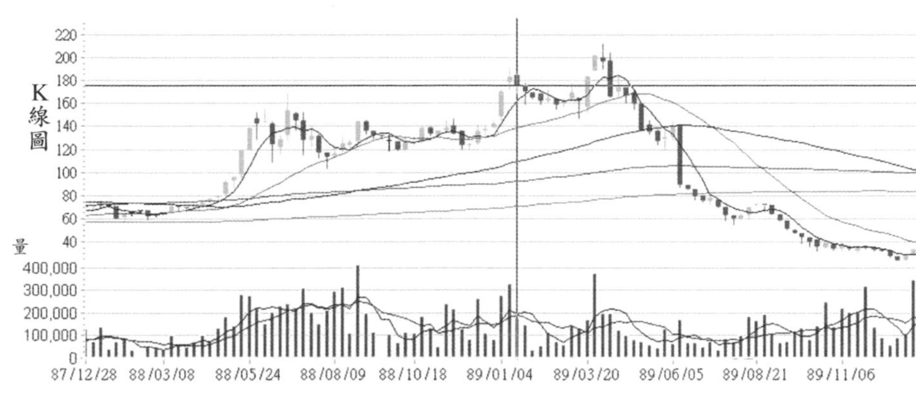

或產業前景轉壞，而股價卻長期偏高、利多不漲的個股，要是能有融資餘額偏高、董監事持股不足或質借比例過高等籌碼面配合，那麼就是天衣無縫，萬無一失了。

放空的要領，絕不是一檔個股股價漲高了，看它不順眼而進場放空，單憑「看不順眼」判斷作空是很危險的。放空絕不要想放在最高點，而是要放在安全點，要知道放空就是在一檔個股已經確定處於懸崖邊了，在最危殆的時候再補踹它一腳，讓它死無葬身之地。因此放空的先決要件，還是要確定行情的確走空才進場，切記在多頭市場時，即使股價再怎麼回檔，都不應該貿然放空股票。同時，放空與作多一樣，必須考量到股票的流動性，最好不要選成交量過低的小型股來放空，否則是很難回補股票，一旦被主力設計軋空，那就得不償失了。

反彈出量就空

作空的順勢操作原則是只賣不買，逢反彈就空。因爲空頭市場的很大一個特色，就是個股股價一波比一波低，空頭市場的上漲，通常只是跌深後的反彈，反彈都會出量，表示市場上持有股票的人都想要賣股票，所以見量就空，出量之後就不會反彈了。反之，多頭的情況剛好相反，回檔量縮的時候，代表市場上有股票的人都不想賣，整理就結束了，這時就要反向作多。

最佳放空標的

了解主力股養、套、殺的既定模式，以及「萬般拉抬皆爲出」的道理，主力股連續急漲之後，也是現成最佳的放空標的，只要選對標的，波段利潤都會相當可觀。民國七十九年四月，食品股的大成股價連續急漲到一百元以上時，大成股價開始連續好幾天「開高、走低、殺尾盤」，明顯有主力在裡頭攪和，於是它便成爲我第一檔嘗試放空的標的。沒想

到，作空賺錢的速度竟然比作多還快，大成股價從一百元一路摔到三十七元的超低價位。第一次放空就能有這麼大的收獲，遠遠超乎預期，有了泰豐的慘痛經驗之後，後來只要是沒有基本面、主力又愛作價、技術線型翻空的個股，都成爲我作空的重要參考標的。

利多不漲也是空點

市場所傳遞的趨勢訊息是很重要的，如果利多訊息釋放出來後，股票不漲反跌，表示趨勢已經開始出現改變，當市場投資意願愈來愈弱，就是危機開始出現的時候，因爲連利多都不漲了，一旦出現利空，一定是大大的反應。台灣有一些居心叵測的上市上櫃公司過度涉足資本市場的操作，常會透過法人或記者釋放利多消息，在報章媒體大吹大擂，把基本面說得有多好就有多好。可是在這麼好的利多氛圍營造下，股價卻不漲反跌，這就是要公司派出貨的前兆，也是個股趨勢轉空的訊息，此時反向放空，獲勝機率就不會低。

民國九十一年四月，台股因爲資金行情一路漲到六千四百八十四點，當時全市場一致看好，毫無戒心，但是量價關係卻呈現背離走勢，而且美股早已率先跌破重要支撐區，只有台股還硬撐在近六千四百點，台股這種千山我獨行，不必相送的表現，明顯有悖於國際股市。許多電子股接著陸陸續續跌破季線支撐，熱門股友達、建興電利多不漲，指標股王聯發科更跌破七百元關卡，而且政策作多的金融股也加入重挫行列，指數開始出現大規模的回檔走勢。眼見空頭氣勢已成，我開始順勢布下幾百口的期指空倉「伺候」，短短兩個星期，台股重挫八百點，五千多萬元的獲利也順利落袋爲安。

人爲逆勢干預也是空點

台北股市過去的發展經驗中，每當股市出現不理性的下跌，政府總是扮演一個很「積極」的護盤角色，要不是「縮小漲跌幅」，就是啓動四大基金外加國安基金進場護盤拉抬，政府一直以來都很迷信這種「人定勝天」的作法。這種人爲的逆勢干預其實很不恰當，因爲趨勢難擋，用人爲的方式不當干預，只會影響盤勢的自然落底，一旦護盤失敗，反而會出現超跌走勢，民國八十九年國安基金的護盤失敗，就是血的教訓。

民國九十年九月美國爆發九一一事件，隨後台灣又碰到納莉風災，政府爲了怕股市暴跌，縮小跌幅爲三・五％，反而加重市場跌勢。因爲買賣股票首重流動性，將跌幅縮小爲三・五％，在二根跌停板可以換平常一根跌停板的無所謂心理下，持股者會更肆無忌憚地殺出持股。市場一旦缺乏流動性，連續重挫的機會就相當大，面對的壓力將是一重又一重，而且一旦台期指與摩台指市場漲跌幅不同調，套利空間的擴大，更可能引來法人對作而影響盤勢自然落底。

我當時人在日本，一聽政府做出這樣的決定後，第一個反射動作就是放空一百口台期指，因爲台期指單日跌幅至多僅三·五%，摩台指單日跌幅卻已經超過七%，如果放空台期指，還有很大的套利空間，後來指數果然從四千點上下一路急挫而下，最低還見到三千四百一十一的低點。

最佳空頭教材

民國八十九年十一月國安基金護盤失利，迄今仍是政府一個無法癒合的傷口，更是市場老手談論不休的光榮戰役。我有幸也參與其中，短短幾天獲利就達八位數，幅度相當可觀。

八十九年十月十九日，台股開盤未久即因融資斷頭賣壓的惡性砍殺，而重挫數百點，可是尾盤時豬羊變色，十一月台期指的賣單被大筆市價單一掃而空，不僅一舉自跌停中打

圖 4.4　民國 89 年國安基金護盤期間上市加權歷史走勢圖

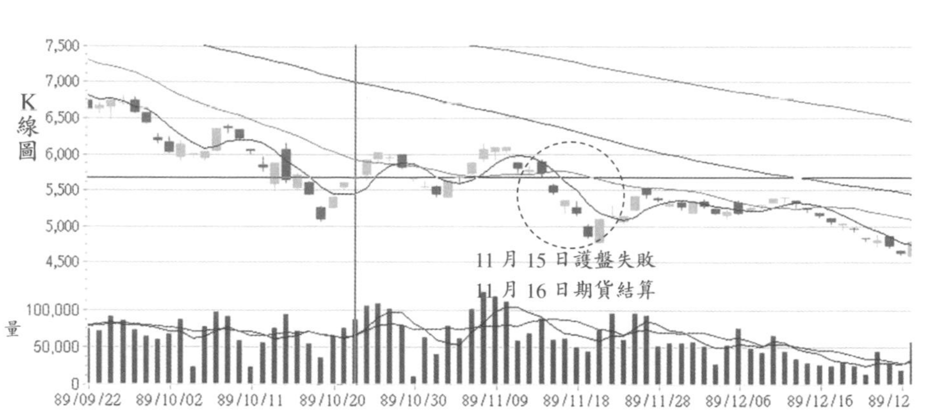

開，還留下了極長的下影線，國安基金進軍期貨市場的傳言開始不逕而走。

國安基金進場護盤之後，市場似乎是吃了定心丸，短短幾天指數就漲了數百點之多，扭轉了當時偏空的氣氛。初嚐敗績後，我先選擇順勢停損退場，等待更好的進場時機，不過扁連會後行政院片面宣布停建核四，一舉打亂了國安基金「精心設計」的一盤好棋，台股又再出現一陣重挫。此時國安基金再度力挽狂瀾，再將指數一路由五千三百八十一點大拉至六千一百二十六點，一直到十一月台期指到期日當前，當天的正價差還高達兩百點，未平倉合約驚爆天量。刻意的拉抬結果，一眼就讓人看穿國安基金的手腳，於是龐大的多倉部位瞬間成市場覬覦的對象與待宰的羔羊，我見「機不可失」，重新進場，大布期貨與現貨空單。

國安基金強力作多，而我卻反其道而行大布期指空單，身邊的朋友笑我說：「你是肖仔噢！敢和政府作對？」

「我腦子清楚的很，國安基金護盤手法太拙劣了，擺明要送錢給你花，有什麼理由不大大方方的接受？」我清楚地告訴他我的觀點，而聽到我這麼說，大部分的人還是丈二金鋼摸不著頭腦，國安基金護盤都來不及了，怎麼可能白白還送錢給你？爲了證明所言不假，我花了好大工夫把整個來龍去脈和策略闡述。

有利可圖的祕密在於指數期貨每個月都必須進行結算，不能和股票一樣死抱活抱，結算價又是以「現貨」於結算日開盤價爲主。國安基金進場拉抬之後，十一月十五日已經是台期指最後交易日，也是國安基金的最後護盤日，理論上現貨與期貨的價格在最後交易日應該趨近，但當時正價差還高達兩百點，眼看著十一月十六日早盤就要以現貨開盤特別價結算。除非現貨指數隔天開盤跳空大漲兩百點，不然所有還沒有出場的期貨多單鐵定要賠大錢，當時空頭氣氛如此高漲，指數怎麼可能隔天無緣無故就跳空大漲？這不是國安基金捧著白花花的銀子要送給你嗎？當然是二話不說，使盡力氣放空摩根權值股，以及即將換約的十二月台期指。

果不其然，台股十六日一開盤就湧出排山倒海的驚人賣壓，台積電、聯電、鴻海等多檔重量摩根權值股是一一躺平，無一倖免。指數一開盤大跌三百餘點以五千四百九十二點進行結算，國安基金大虧出場，再次證明趨勢非任何力量可改變。

雖然國安基金護盤失敗的說法很多，不論實情如何，只要能掌握市場的脈動，熟悉市場交易規則，散戶也可以大獲全勝，賺到大錢。

回補的時機

放空之後，究竟何時才要買進股票回補？其實放空和作多一樣，不可能有股票漲不停，也不可能有股票跌不停，股票漲多了要賣，跌多了一樣要買回來，才能把好不容易賺到的錢，安安穩穩地放回口袋。作多時，一定是賣在利多頻傳，全市場狂熱搶進，可是股價卻利多不漲的時候。同樣的，作空時，一定也是回補在利空頻傳，全市場信心全失，可是股價卻利空不跌的時候。這時代表全市場的人都失去信心，認爲股票不會漲，主力和大股東反而會在此時逢低補貨，往上作多再大幹一票！

趨勢的力量眞的很可怕，民國八十九年五二〇以後，趨勢反轉由多頭變成空頭市場，中間還發生美國九一一事件、納莉風災、融資斷頭及國安基金護盤失敗等利空助陣，看起來好像就要世界末日一般。但在空頭的趨勢中，任何意想不到的利空都可能發生，台股因而交投低迷，市場人心極其渙散，每天的成交量都只有幾百億元而已。只要各種空頭的條件還存在，就毋須回補空單。可是一旦發現很多股票開始出現利空不跌時，就要謹記，趨勢不容易改變，一旦改變就更不容易再變，回補空單獲利了結才是明哲保身之道。

回補空單之後，不一定要馬上作多，因爲行情開始震盪打底時，不會立即出現反轉訊號，指數會不斷上上下下，尋求眞正的底部。等底部築穩了，才會由指標股領軍走揚，此時才是全面作多的良機。九十年當我全面回補空單之後，指數最後還打到三千四百一十一點，指數震盪打底衝上四千點時，期指與現貨逆價差還高達一百點，指標股友達及DRAM股都開始全面大漲，有利基的股票開始大漲，利空的股票也不跌了，此時利空出盡的訊號十分明確，我也才正式翻空爲多。

融資與融券的運用

融資與融券是股票市場很重要的財務槓桿工具，融資是投資人看好個股行情後市，向授信機構（證金公司或自辦信用交易業務的證券商）借錢買進股票，融券則是投資人看空個股後市或進行當日沖銷時，向授信機構借入股票先行賣出，兩種信用交易方式都須在約定償還期限內，償還融資金或股票。

融資雖然是短線多頭攻擊的助燃劑，但融資使用一旦過多，投資人很容易忽略財務槓桿的風險。以現行制度而言，上市股票融資成數六成，投資人融資買進一檔股價五十元的股票，只須準備兩萬元即可操作價值五萬元的股票，財務槓桿倍數高達二・五倍，投資人的利潤與風險都會出現放大的效果，一旦資金控管不當，很容易出現從股票市場中「畢業」。

融資與融券的關係相當微妙，因為融券的來源，是透過融資者買進的股票，融券者抵繳股票或被追繳者抵繳股票，提供放空者融券需求，萬一融券量超過授信機構所能掌控的數量，還可以透過標借、議借與標購辦法，解決券源不足的問題，使得信用交易市場得以

順暢運轉，所謂「資券相生」就是這個道理。

融資與整戶維持率

融資餘額過高，代表很多投資人看好後市，認為股價還會上漲，所以願意大量借錢去買股票，但是因為錢是借來的，有資金成本壓力，而使用融資的散戶，眼光通常都會比較短淺，一旦行情不如預期、潛在市場賣盤不小，特別是面臨保證金追繳時，就會形成「強迫斷頭」或「多殺多」的窘境。

判斷是否會產生保證金追繳或斷頭，主要還是從個股融資維持率與投資人的整戶維持率來判斷。融資維持率是指投資人融資買進一檔股票後，提供融資的證金公司或券商為保障自身權益，所試算的追繳標準，當低於規定標準時，證金公司或券商就會向投資人發出追繳令，使融資維持率得以維持。

融資維持率＝（個股融資擔保證券市值＋個股原融券擔保與保證金）／（個股原融資金額＋個股融券證券市值）×100%

整戶維持率，和融資維持率的算法相去不遠，只是投資人的戶頭裡可能不止買賣一檔個股，整戶維持率是將投資人帳戶下所有融資融券總合所計算出的維持率，依現行規定，整戶維持率不得低於一二〇%，否則投資人手中股票就會慘遭斷頭下場。

整戶維持率＝（所有融資擔保股票市價＋所有原融券擔保品及保證金／所有原融資金額＋所有融券標的股票市價）×100%

主力也用融資

近來個股的融資融券變化已不能完全作爲判斷漲跌的依據，因爲有些主力爲了在拉抬的過程中防止散戶搭轎，事前就以融資大量買進進行鎖單，最後再用現股拉抬，如此不僅省去清洗籌碼的麻煩，出貨的時候還可以釋出融資鎖單個股，使市場出現個股上漲，融資卻反向減少的市場錯覺。另外還有一部分則是公司派拿來鎖單護盤的工具，目前盤面上很多個股融資使用率都高達九成以上，而且不論歷經多大利空、股價跌幅多深，融資變化數量始終很少，這種就很明顯是被鎖單的具體適例，在遠離主力股的原則下，投資人最好不要選擇此類個股。

掌握融資融券訊息

證交所每日都會公布大盤與個股融資融券的訊息，報紙上也會有融資融券餘額表可供查詢。其中最重要的數字，除了融資與融券增加張數之外，融資餘額及融券餘額是最具參考性的指標數字。

融資餘額是投資人藉由融資方式買入股票尚未償還的總額，融券餘額則是投資人利用融券方式賣出股票尚未償還的總額。融資餘額減去融券餘額，是資券相抵餘額，這個數字愈高，代表未來因融資所產生的空頭力量，遠遠大於空頭回補的力量，籌碼較不穩定。券資比則是融券餘額除以融資餘額，券資比愈高，代表投資人券空的比例極高，較易出現軋空行情。

融資券關係

融資與融券的關係，都是股市多空的催化劑，所謂水能載舟，亦能覆舟，資券過或不及都不是好現象，好像一把劍的兩刃，雖然鋒利卻也能反身傷己，所以資券的判讀就顯得相當重要，而且隨著股價位置高低的不同，資券關係也會出現不同的解讀，再加上現在套利交易盛行，主力鎖單又相當積極，很多情況下的資券關係都不能單純只以數字增減判斷，最好還要搭配當時主客觀多空環境，公司派本質與個股基本面作多方面的評估，才不至於被單純的融資券數字所矇騙。

資增券增

個股融資餘額與融券餘額同步增加，股價也不斷上漲，代表市場人氣十足，儘管空頭試圖放空摜壓，但依然壓不住個股漲勢，多空僵持一段時間後，只要個股股價持續維持高檔不墜，空方就會被迫停損回補，形成所謂的「軋空」，此時個股股價漲勢將更爲兇猛，一直到空方遭斷頭出場後，因潛在買盤已失，買方會開始大量出脫手中持股，個股股價也會開始大幅走弱，形成「先軋空，後殺多」的標準型態。

個股股價若不斷走弱，資券卻出現同步增加的型態，代表有心人士不斷供應籌碼，並同步利用融券賺取反向利潤，但散戶卻因看好而不斷向下承接，一旦個股股價無法止穩，原本買進的融資將形成殺多的壓力。

資增券減

個股融資餘額增加，股價走揚，但卻未遭到空頭放空摜壓，表示大家看好後市勇於追價買進，是屬於短多型態，可是融資增加到一定程度，個股股價卻未能續漲，或經過一段漲勢之後成交量暴增，表示多頭追價行情隨時都有可能結束，甚至反轉向下。

個股股價走跌，籌碼面卻出現資增券減型態，代表散戶投資人不斷向下承接，放空者也不斷回補手中空頭部位獲利，可是個股股價未能止跌，等到空方回補買盤耗盡之後，有可能將引動融資籌碼鬆動的殺盤。

資減券增

個股股價若處於漲勢時出現資減券增，代表空方雖然極度看壞後市，但始終無法壓抑個股股價，而且市場浮額的融資餘額同步減少，代表散戶也不看好，籌碼落入法人或公司派手中，長線籌碼相當穩定，未來甚至還有可能出現軋空行情。反之，若是個股在跌勢初起時資減券增，代表個股高檔時已被市場派等有心人士摜壓，融資籌碼開始停損殺出，看空者不斷共襄盛舉，這種籌碼結構就屬於相當糟糕的狀態，投資人最好暫時出場觀望。不過等到個股股價落至極低檔時，反而有機會形成底部，甚至醞釀一波短軋空行情。

資減券減

融資與融券餘額俱減，代表市場人氣甚爲虛靡，買賣雙方意興闌珊，若個股股價呈現走揚態勢，代表個股很有可能是因爲券空回補的買盤而走高，這種買盤並不紮實，一旦空頭回補買盤耗盡，個股股價即有可能再反向走挫。反之，若個股在下跌的過程中資券俱減，代表市場浮額隨著股價下跌而停損殺出，而且空頭回補的買盤還無法支撐個股股價，屬於中空格局，只是資券銳減至一定程度，隨著股價大跌一段之後，也很有可能是重新醞釀底部的時候。

融券放空套利千變萬化

融券放空的好處，除了用在行情趨勢走空之外，很多法人或大股東也利用融券放空與募集海外存託憑證（GDR）、海外可轉債（ECB），或是現金增資進行鎖單套利，因此某一檔股票融券餘額很高，或券資比很高，市場常會誤認爲某某股票要軋空了。事實上這是似是而非的觀念，散戶朋友最好弄清楚這檔股票的名堂，查清楚最近是不是有相關募資計劃，才知道這些空單是實空單還是虛空單，進一步判斷是否眞的有軋空行情。

海外存託憑證

企業進行募資，通常都會利用海外存託憑證、美國存託憑證（ADR）、海外可轉債或是現金增資等方式進行。所謂海外存託憑證，是本國企業在海外發行以外幣計價並表彰該企業普通股的憑證，在歐洲盧森堡掛牌的稱爲GDR，在美國集中市場掛牌交易的稱爲

ADR。若是老股提撥出來的，沒有閉鎖期限制的話，隨時都可以轉換，至於新股提撥的部分，通常則有九十天的閉鎖期。

民國九十二年第一金所發行的海外存託憑證，因解除閉鎖期規定，馬上引來部分國外投機客肆無忌憚地進場套利。這些投機客先與大股東以借券的方式放空第一金個股，造成第一金融券餘額莫明大幅竄升，然後想以認購而來的海外存託憑證轉換成現股償券，而後多家外資券商再連續大幅賣超第一金股票，造成了第一金在定價之前即大幅跌挫，使得小股東權益明顯受損，這些都是外資或本土法人常玩的金錢遊戲。

海外可轉債

海外可轉債則是本國企業在海外發行以外幣計價的可轉換公司債。海外可轉債賦予投資人於發行日屆滿一段期間後，享有按約定的轉換價格或轉換比率，將可轉債轉換成發行公司普通股的權利。因此又有人將可轉換公司債的本質，視爲結合「純公司債」與「選擇權」的金融商品，具有進可攻、退可守的特性。

海外存託憑證與海外可轉債套利

所謂套利，就是利用同一個標的所發行的金融商品出現不合理價差的時候，賣出被高估的，或是買進被低估的，進而套取近乎沒有風險的利潤。比如說，每單位台積電海外存託憑證爲十美元，因台積電海外存託憑證與現股的轉換比例爲五：一，以目前匯率約爲美元比台幣爲一比三十三計算，換算實際轉換價格爲六・一六元。若台積電目前股價七十三元，這時候台積電的海外存託憑證與現股就出現將近一〇%的折價，海外存託憑證被低估，現股則被高估，所以外資可以放空台積電現貨，買進海外存託憑證來進行套利。同樣的，當海外可轉債出現折價時，投資人也可以同時買入海外可轉債並放空現股，以獲取套利利益。而這也是爲何很多法人看美股時，除了看道瓊、那斯達克及費城半導體指數之外，海外掛牌的美國存託憑證的收盤狀況也是他們很關心的部分。

現增鎖單套利

一般散戶朋友因爲財力的關係，對於海外存託憑證、美國存託憑證或海外可轉債的套利並不熟悉，可是國內上市櫃公司常辦的現金增資，投資人一定也不陌生。事實上，個股的現金增資也是一種可以進行套利的部分，例如華映民國九十三年辦理現金增資，每股認購價二十．六元，如果華映現在股價二十五元，投資人認購就有將近兩成的潛在獲利空間。投資人可以在認購繳款之後，去放空華映個股，等到撥發新股的時候，再把新股的部分償還券空的部分，投資人這時候就可以穩穩地把兩邊的差價賺進口袋，完全不必理會華映五月暴跌的風險。

軋空之後必殺多

軋空是指個股因爲融券過高，個股股價不跌反漲，在受迫的壓力下被迫回補。軋空股有個特性，軋空之後必定殺多。因爲一檔正常的個股，融券不會無緣無故飆高，一旦融券飆高到某一個程度，就會引來主力覬覦，以子之矛攻子之盾，先進貨，再營造軋空氣氛，拉高個股股價來逼迫空頭回補。等到空頭認輸回補了，市場對於這種飆股也會產生莫大興趣，和主力股一樣，此時就是主力或公司派要派發籌碼的時候，所以軋空股有個特性：先軋空，必殺多。

實空？虛空？

了解融券的功用之後，投資人就可以知道外資的投資策略可以千變萬化，所以一檔個股的融券張數很高，有時候不見得眞的是看壞的人很多，很多時候都是這種衍生性金融商品之間的套利行爲，而產生虛空單，這種狀況是很難出現軋空行情的。例如友達於民國九十一年時，融券餘額一路暴增至三十七萬張，當時市場每個分析師都說友達一定要軋空大漲了，卻不知道是因爲友達當年發行美國存託憑證，友達融券張數雖然破紀錄，股價卻也硬生生由三十元大跌至二十元，一點也沒有軋空行情。後來空單大幅減少，友達股價卻也毫無起色，這就是虛空單所帶來的軋空假象。

註釋：

❶「公眾流通量」是用來計算出各採樣公司真正具公眾流通性股數之調整權數。也就是由一〇〇％扣除「由另一成份股公司或非成份股公司持有的策略性持股」、「由創始人、其家屬、及／或董事明顯的長期性持股」、「有持股期間限制之員工配股計劃之股份」、「政府持股」、

「外資持股限制」、「大型機構投資人持有的具有持股期間限制條款的投資組合」等六項不具公眾流通性質之「公眾流通量減項」（Free Float Restrictions）股份比例後，逐一計算出個別採樣股票之公眾流通量權數，並套用至適當之級距。公眾流通量不及五%者，不具有成份股甄選資格。

第五章

情緒管理與資金控管

股票市場說穿了，就是一種市場心理學，

想要晉身為股市贏家，

除了遵守資金控管的紀律外，

還必須掌握市場心理，加強心理素質與投資 EQ 。

所有事物普遍存在著二八法則，反應在投資行為上，便是只有二〇％的投資人能夠躋身贏家之列，而高達八〇％的投資人只能忍痛苦吞失敗。想要晉身為贏家之列，除了尊重趨勢順勢操作之外，最重要的是能透徹瞭解市場的投資心理，加強心理素質與投資EQ，如此才能洞燭市場先機，快速累積財富。

《易經》爻辭有云：「**師出以律，失律凶也。**」意思是說，軍隊出征，必須嚴守紀律，否則就有失敗的凶險，所以不論是投資股票、期貨或選擇權，每一次出擊，我總是把自己當成率兵親征的主帥，要打一場勝利的仗，除了兵法、韜略之外，冷靜的頭腦、充足的兵源，同樣也是出奇致勝不可或缺的要件。這就好比在當兵時，各種作戰的最高指導原則就是心戰的道理一樣，做主帥要是還沒打仗就心慌意亂，就算擁有再多的軍隊也會兵敗如山倒。

正確判斷行情多空，掌握基本面與市場敏感度，這些操作的IQ雖然都很重要，也可以透過一次又一次的實戰經驗來提升，但是操作的EQ，常是一般散戶朋友最無法克服的障礙。情緒過度的高低起伏往往會影響對於盤勢的正確判斷，尤其是民國九十三年總統大選後的超級利空，大部分散戶面對來自於內心深沉恐懼，無法保持冷靜，而盲目選擇不計價的追殺股票，白白浪費了大撿便宜貨的機會。其實面對利空，更要能沉著應戰，克服人性的缺點，在全市場都陷入極度恐慌的時候，把握機會，人棄我取，財富才能不斷向上累積。

資金管理更是重要，所謂「留得青山在不怕沒柴燒」，散戶賺錢速度太慢，賠錢速度太快的原因，就是在利空出現的時候，不曉得逢低建立部位，反而還跟著追殺，把股票砍在最低點。等到股票眞的漲起來的時候，就愈漲愈追，最後「歸組拌落去」。而一遇到利空，就只能眼睜睜看著股票下跌，把之前賺的全部吐回去，最後又殺在最低點倒賠一場，這種歷史悲劇總是不斷循環上演。

攻心為上

古諺有云：「伐國之道，攻心爲上，攻城爲下，心勝爲上，兵勝爲下。」三國名相諸葛亮手中雖有洋洋灑灑的三十六計，可是諸葛亮卻將攻心爲上視爲集諸計之大成，《孫子兵法》也認爲用謀施計的最高原則在「服其心」。因爲人是感情的動物，不管做什麼事，只要能充分掌握敵人的心態，你就已經成功了一半，發揮不戰而屈人之兵的功效。同樣的，投資理財也是一樣，**市場多數的心理通常是羊群心理，樂觀的時候跟著樂觀，悲觀的時候跟著悲觀，要是能抽離市場多數人的情緒，就能客觀的看待市場，戰無不勝，攻無不克**。

有人認為投資是一件很困難的事，判斷趨勢好像是在賭博一樣，因此散戶總是行情愈漲愈樂觀，愈跌愈悲觀。事實上買股票就和逛百貨公司一樣，百貨公司人最多的時候，一定是舉行週年慶，名牌大拍賣的時候，可是如果在剛換季的時候，既沒有折扣，衣服也最昂貴，也就乏人問津。儘管這個例子淺顯易懂，卻和一般人看待股市現象的情形相反，散戶投資人往往在投資的時候就忘了這個原則，而買漲不買跌，最後當然是賺不到錢。

散戶的投資慣性，大部分都是在低檔的時候小買，行情愈來愈好的時候就愈買愈多，而在行情出現利空反轉的時候就不計價殺出持股，結果就是賺錢的時候小賺，賠錢的時候大賠，賺錢的速度太慢，賠錢的速度太快，長期下來，自然不容易累積財富。

克服貪婪與恐懼

在股票及期貨市場要想求勝，克服內心障礙是最重要的。了解自己的缺點在哪裡，去改正自己的缺點，這樣看的面才會比別人更廣更深。美國金融研究獎夏普獎得主薛佛林（Hersh Shefrin）認爲，貪婪是過分的自信，恐懼是過分的不自信，理性則是夾在貪婪與恐懼的中點，可是投資人的行爲卻很少剛好站在理性的位置，往往不是偏左，就是偏右。在過度追漲殺跌之後，過度偏離常軌，才會又拉回理性的正軌，要能超越貪婪與恐懼，才能超脫輸家輪迴，晉身市場贏家。

君子愛財，取之有道，每個股資人進入股票或期貨市場，最重要的就是爲了財富的累積，可是在追求財富的過程中，人類潛在的欲望與貪婪往往會被誘發出來，買了股票，就想要它漲個一倍、兩倍，欲望的無限蔓延，造成投資人愈追愈高，身陷危機而不自知，所以在西方，貪婪被稱之爲七大原罪之一，可見是多難克服的心理障礙。同樣的，投資人在利空的時候，往往過分恐懼悲觀，千載難逢的機會在前卻視而不見，白白失去了賺錢的機會。所以投資人如果能做到得不喜，失不憂，寵不驚，辱不懼，就能夠跳脫賠錢的輪迴宿命。

股票市場說穿了，就是一種市場心理學，每個人遇到利空時都會面臨來自心裡深沉的恐懼感，能否成爲市場贏家，就看自己能否面對恐懼而心中無懼。《易經》否卦：「**否終則傾，何可長也。**」就是象徵否到終極之後，就會物極必反，否極泰來，這是自然循環的法則。所以不論狀況再怎麼壞，都會有過去的時候，投資人面對一連串的市場利空也是一樣，要逆向思考，而不是一直鑽牛角尖。

我還記得第一次買主力股泰豐的時候，買進之後不但沒有讓我賺錢，還連續無量跌停，想砍都還砍不掉。這是我第一次在股票市場上感到恐懼，後來雖然認賠出場，不過經過這次教訓之後，我發誓再也不碰主力股，面對利空時，也逐漸能夠克服心中恐懼，在每一次的利空中都能臨危不亂。股市名言：「行情總在最悲觀時誕生，在半信半疑中成長，在最樂觀中毀滅。」就是股市心理學的最佳寫照。

人多的地方最危險

一般人都有一種「羊群心理」，吃飯的時候一定是挑人潮最多的餐廳，看電影的時候

一定挑排隊隊伍最長的，買股票也一定等全市場瘋狂一致看好的時候才跳進去，可是人多的地方往往是最危險的地方。試想，萬一電影院失火的時候，所有的人潮都往同一個門擠去，鐵定不太容易逃生。投資操作也是這樣，如果每個人都偏多買進，大家滿手股票，最後沒有買方，行情就會結束；相反的，市場每個人都偏空賣出，大家把股票賣光光，最後沒有賣方，於是買方轉強，行情就此展開。所以市場太樂觀、太瘋狂的時候，行情往往最會樂極生悲反轉向下，反之，市場都很悲觀、太恐慌的時候，行情往往容易出乎意料反向走高。

利空測試底部，利多形成頭部

「人多的地方不要去」，在投資市場裡，多數人的看法都是錯誤的。市場預期行情偏多，若全市場的人都買進作多，最後一定沒有買盤願意繼續承接，行情很容易出現回檔，所以先避開多數人的看法，就能先立於不敗之地。緊接著就是比速度，進出速度若能比別人快，成本自然就比別人低，即使虧損也會比較少。

國外流行的擦鞋童理論便是說，當擦鞋童開始談論股票的時候，就表示行情過熱了。

這雖然是個笑話，可是它的內涵卻是放諸四海皆準，相當受用。行情冷的時候，不要說法人和散戶，就連接單的第一線營業員一定是擺張撲克臉在營業大廳呆坐，民國九十年空頭市場的時候，每天成交量幾乎不到五百億元，整個市場猶如一灘死水，後來還遭遇到美國九一一事件的空頭洗禮，讓市場信心全失。不過事後證明，**沒有人進場的時候，往往就是買進的時機，每一個利空事件反而是淬鍊底部，逢低買進的大好良機**，後來好多股票股價都翻了好幾翻（參閱表5.1）。

反之，行情很熱的時候，散戶一有甜頭吃，就像螞蟻找到糖一樣成群結隊整批撲過來。民國八十九年指數漲到一萬點時，每個券商的營業大廳在收完盤之後，一定是開香檳大肆慶祝，投資理財的書籍和雜誌特別好賣，連吃早餐的時候都會聽到老闆娘直接跟你報明牌，這種幾近瘋狂的時候，反而是最危險的時候。

因爲全市場認爲行情非多不可，於是全面瘋狂搶進追逐股票，行情噴出一段又一段時，投資人很容易在這個時候失去戒心，如果跟著市場多數人的想法盲目地追股票，反而容易接到最後一棒，行情大幅回檔的機率就會大增。因爲全部的人都看好未來行情，手上都是股票而沒有現金，沒有了潛在的買盤，行情自然容易出現大幅回檔。技術派爲什麼不

表 5.1　近五年重大非經濟利空事件加權指數變化

事件	時間	事件後最大跌幅(%)	短線最大反彈幅度(%)	事件後指數表現(%) 一個月	三個月	六個月	事件後一個月外資動作
兩國論	88/7/9	-20.2 (7/9-8/6)	21.3 (8/7-9/10)	-17.8	11.7	3.5	買超 94 億元
一邊一國論	91/8/3	-7.1 (8/5-8/6)	7.9 (8/7-8/15)	-6.8	-8.5	1.9	賣超 206 億元
921 大地震	88/9/21	-5.9 (9/27-10/6)	5.0 (10/7-10/14)	-3.8	-2.4	7.1	買超 239 億元
89 年總統大選	89/3/18	-11.2 (4/10-4/17)	16.2 (3/18-4/15) 選後先漲再跌	3.94	0.65	-21.5	賣超 365.4 億元
911 恐怖攻擊事件	90/9/11	-17.5 (9/11-10/3)	18.0 (10/4-10/29)	-9.3	26.3	48.3	賣超 30 億元
SARS 疫情蔓延	92/4/21	-10.9 (4/21-4/28)	4.9 (4/29-5/14)	-9.3	12.3	30.4	買超 448 億元
西班牙馬德里爆炸案	93/3/11	-4.4 (3/11-3/17)	3.6 (3/17-3/19)	-1.5	-	-	賣超 707 億元
93 年總統大選	93/3/20	-10.01 (3/19-3/26)	12.2 (3/26-4/14)	-0.22	-	-	賣超 35 億元
中國宏觀調控溫氏效應	93/4/28	-8.3 (4/29-5/3)	2.63 (5/4-5/5)	-	-	-	賣超 237 億元 (93/4/30)
520 前中共發表對台談話	93/5/17	-5.1 (5/14-5/17)	11.9 (5/17-5/28)	- -	- -	- -	賣超 250 億元 (至 6/3 止)

樂見高檔長紅，也就是這個道理。

台股在民國九十三年三月中一路由六千五百點過關斬將，原本市場預估六千八百點有壓，但六千八百點非但沒有很大的壓力，而且七千點很快就達陣，市場全面沉浸在一片極度樂觀的氣氛中。而我突然驚覺整個市場沒有人看壞，樂觀氣氛凝聚太快，後來台股果然遇到美股的下跌外加西班牙恐怖攻擊，而產生了重重的一擊，出現快速的回檔。

手中有劍似無劍

一般人都有獨善其身、見不得別人好的矛盾心理，所以手上買了多單，總是找來一堆理由說服自己股票一定會上漲，多單出了，就期待這檔股票一定要大跌特跌。總覺得自己的判斷絕對是正確的，而忽略了市場因素，這種心態其實是很無厘頭的，也很容易影響投資人對於行情的正確判斷。

看武俠片的時候，真正武功高強的，一定是心法熟練，手中有劍似無劍，所以要當個勝利者，就要在手上有部位的時候，以沒有部位的心態來應對，不要只關注手上部位的漲跌，而忽略了整個市場的趨勢變化。這樣面對市場才會更客觀，過度專注價位的變動只會讓你的眼光更狹隘而已。

要有明天的觀念

操作股票有一點很重要，就是時時要有明天的觀念。這句話的涵意，是要把每一天的交易逐日結算損益，然後檢視手中部位，爲明天的操作做好萬全準備。如果第一天投入成本一百元，第二天變三百元，第三天縮減爲兩百五十元，一般投資人都會認爲還賺一百五十元；但我的觀念不同，第一天的損益是正兩百，第二天是負五十。兩者最大的不同在於，前者的態度往往是只讓你停在當下，可是後者則會讓你隨時想著明天。這是因爲當你認定自己還賺一百五十元，心態會開始鬆懈，尋求偏安，可是一旦認爲自己賠了五十元，就會開始戒愼恐懼，下單會更謹愼。所以我的投資方式，都是這樣每日檢視投資組合的持有條件是否已經改變，一旦不復存在，或出現疑慮，我就會出脫手中部位，毫不戀棧。

選前過度樂觀，行情拉回

台股在民國九十三年選前一舉衝破七千點大關，當時全市場歡聲雷動，大家都認爲下一個目標一定是八千點了，可是行情卻在全市場最樂觀中毀滅。指數三月五日從七千一百三十五點開始高檔反轉之後，散戶怕買不到股票，於是融資餘額不斷向上直竄，不到半個月的時間，融資就增加超過五百億元之多。市場浮額一下子增加太多，顯示市場過度樂觀，散戶全面看好，法人和主力當然全部都倒給散戶，這也就是行情爲什麼容易出現回檔；散戶每一次都倒過來做，贏的機率當然不大。

選後極度恐慌，行情豬羊變色

總統大選前，全市場普遍看好連宋當選，選後行情可望大漲特漲，結果卻是大翻牌，讓衆人跌破眼鏡，兩組候選人創下台灣選舉史上差距最接近，連戰的一句「我要提起選舉無效之訴」，更讓多頭噤若寒蟬。三月二十二日首先於八點四十五分開盤的期貨市場，台期指跳空大跌四百五十五點直摜跌停，緊接著現貨市場開盤，一千多檔個股檔檔跌停，整個市場陷入前所未有的恐懼。選後第二天還是持續重挫，不少散戶朋友見市場恢復流動性，開始不計價殺出手中持股，當日台股成交量一舉爆出兩千億元的天量，然而最終台股卻展開絕地大反攻，一漲就是連續漲了八百多點。

操作難免會有失誤的時候，選後三月二十二日大跌的那個盤，對每一個在市場作多的投資人來說都是危機，但是驚慌不能解決事情，如果慌了鐵定就是最後輸家。選後第一個造成恐慌的交易日，如果冷靜去看，台期指和黑板上每一檔股票雖然都被打到跌停，不過若仔細去看摩台指市場，不難發現當日摩台指連續觸及七%及一〇%的跌停價後，最後並沒有跌停一五%鎖死，終場跌幅只有一二・八%。而且對照美國九一一事件之後的台股，當時甚至沒有這種大跌的紀錄，所以可以客觀地判斷指數要跌挫超過二〇%的機率不大。

選後開盤第二天，摩台指以平盤開出，不再出現恐慌性的跌挫走勢。台期指雖然因爲跌幅的限制而出現第二根跌停，可是委賣也已經不像第一天這麼沉重，開盤的跌停委賣一路由一萬多口縮到八千口、四千口，加上外資選後第一天大買超的激勵，讓我判斷台期指打開跌停板的機會很大。

而且台期指逆價差一百五十點，幅度高達二・五%，這麼大的幅度可說是相當離譜與不合理，台期指連續二根跌停板已經是超跌了，加上友達、中鋼、第一金等指標股一開盤並沒有摜入跌停板，所以我判斷這個時候進場，風險相對十分有限。果然台期指三月二十三日開盤五千九百零八點就是最低點，後面就一路拉升，還出現高達九百點的大反彈，這種藉由利空置之死地而後生的盤勢，過去像九二一大地震、美國九一一事件及民國八十九年總統大選第一次政黨輪替等重大利空事件，都有類似的現象（參閱表5.1）。

黎明破曉前的夜晚最黑

黎明前總是黑暗的，愈是暗無天日愈是離天亮不遠，冬雪融解前的時候最冷，愈是嚴寒離春天愈近，沒有永遠的長夜，也沒有永遠的冬天，等待的過程最是難熬，最是無助，要是撐不過這個漫漫長夜與凜冽寒冬，又怎麼能迎接黎明的第一道曙光與春神的降臨呢？

投資也是這樣，底部的時候總是伴隨著一重又一重的利空。特別是台股歷經選後政治爭議的烙印，反彈至六千九百點以上後，受到中國宏觀調控、美國升息疑慮、中共發表強硬政治聲明及國際原油飆漲的多重利空淬鍊，指數波段狂挫逾一千五百點，讓投資人信心全失，很多投資人開始懷疑基本面是否眞的開始反轉，懷疑起自己對行情後市的判斷？

事實上，分析這些所謂讓台股重挫的主要因素，都不是實質的基本面因素，只是因爲市場的不確定，導致景氣復甦與股市回升出現落差，而且再好的多頭行情，也沒有只漲不跌的，投資人要是不能想通這個道理，很容易在市場眞正最低點的時候錯過加碼機會。

操盤的關鍵在於心理面

累積了這麼多財富，我開始有了幫助投資人克服心魔的想法，試著將這些累積的經驗和操作方式轉化成具體文字，希望對投資人有實質的幫助，也在培養準操盤人的過程中，積極提升他們的心理素質。在相處的過程中，透過每個人獨特的優缺點，去激發他們的潛力，克服內心恐懼，抓住市場節奏，能以健康客觀的態度面對大盤。

我用一個簡單的觀念和他們溝通，每部武俠小說中的各式神功，最重要的一定是熟記武功心法，否則即使招式學會了，武功還是不能出神入化。操作金融商品也有異曲同工之妙，所以操盤的關鍵，不在於提升基本面或技術面的判斷能力，而是在於心理素質的補強。心理面這一關要是無法克服，就好像任督二脈沒打通，什麼神功都無法練成，克服不了心魔，就無法進入賺錢的領域。

面對震盪盤暫時退場

行情雖然只有多空兩種，不過多空趨勢真正出現之前，往往會出現連續性的震盪整理盤，這是不少股市老手的「英雄塚」。震盪盤的特色，就是作多作空都不對，因為波動太小，沒有明確趨勢，夾雜太多忽多忽少的訊息，令人難以分辨其眞僞。遇到震盪盤，休息往往是最好的應對方式。

面對震盪盤，最好的方式是「退場觀望」。行情不需要每天去作，正所謂「當局者迷，旁觀者淸」，暫時退場觀望，較能居於客觀的角度判斷行情後市，而且手中部位愈大，恐懼感會愈大，人的心理常會因之前的偏多或偏空慣性而忽略了可能的反轉風險。舉例來說，六千五百點買進，漲到七千兩百點時就淨賺七百點，等到大盤回檔兩百點到七千點時，可能因為還是賺錢而覺得沒關係，等到七千點跌破也覺得還沒關係，可是一旦六千八百點一跌破之後，投資人通常就會開始出現恐慌而失去判斷力，之前賺的全數吐回還不打緊，最後還可能變成倒賠。

要判斷震盪盤並不容易，不過這十幾年經驗累積的結果，還是可理出一些蛛絲馬跡。在大多頭市場，指數經過一陣大漲之後，如果沒有特定的利空卻出現回檔，通常就是要回檔休息的前兆，但是這個回檔究竟是加碼還是減碼的時機？一般而言，如果只是強勢的回檔整理，回檔的幅度通常不會太深，更不會出現尾盤急殺的現象，反之，就是弱勢的回檔整理。

做錯認輸，不與市場對作

儘管判斷多空趨勢的原則很單純，不過人畢竟不是神，沒有人只對不錯，只贏不輸的。《易經》離卦：「**履錯之敬，以辟咎也。**」意思是如果踏錯腳步，就應該警惕自己，小心謹慎，這樣才能遠離災禍。當市場趨勢和手中部位不一致時，絕不應該找各種理由說服自己堅持原來的看法，正確的作法應是先出場，在心理沒有任何壓力下，以客觀的角度，重新檢視自己手中的部位是否與市場趨勢有違。等思慮周延靜待機會出現之後，再重新進場，切忌一味當個死多頭或死空頭與市場繼續對作，到頭來只會陷入自己設下的情緒陷阱而無法自拔。

保持一顆清醒的頭腦，該空就空，該多就多，不讓自己有任何失去判斷多空方向的心理問題，能夠克服這一層障礙才能眞正成爲股市赢家。很多散戶手中的部位一旦被套牢之後，總是催眠自己做長期投資，這種作法就像駝鳥遇到危險把頭埋到沙子裡一樣，最後的結果只是讓自己處於更危險的境地。

從民國八十九年開始，由於全球景氣不佳，政府又決定停建核四，台股連番重挫，月線、季線等中長期支撐線都是連番失守，趨勢明顯翻空，當時我也開始跟著趨勢作空，但國安基金於同年十月左右進場護盤之後，很多股票都開始紛紛出現大漲，市場氣氛一下子就被扭轉。儘管空單被軋，在尊重市場趨勢的情況下，我還是先將空單全數認賠出場，不作困獸之鬥。退場後進一步冷靜分析，當時客觀環境確實沒有偏多的理由，國安基金進場只是用人爲的干預妨礙盤勢的眞正落底，不過和它硬碰硬也討不到什麼便宜，我相信未來大盤一定還會走回既有的空頭趨勢軌道，因此先退場等待，反而有更好的點進場布空。

國安基金砸下重金逆勢護盤，台期指結算前一天還出現高達兩百點的正價差，這種天賜的良機當然不可以放過，等待了這麼久的時間，我開始大舉布局當月和隔月的期指空單。結果國安基金護盤最後功虧一簣，十一月十六日結算當天被期市玩家海撈一票，盤勢隨即猶如吃了瀉藥一般，指數兵敗如山倒。

資金控管重於一切

股票和現金部位要靈活配置，因爲天有不測風雲，人有旦夕禍福，市場無時無刻都充

滿著無法預知的變數，如何面對不可預知的不確定因子，往往是決定優勝劣敗的重要關鍵，正因如此，資金絕不可用到滿檔，「資金控管」非常重要。

為什麼很多投資人容易陣亡，大部分都是因為受到貪婪心理的驅使，一路將部位無限上綱地擴張，於是整組押下去，希望一夜致富，反而忽略了資金控管的重要性。一旦市場出現重大利空的時候，因為已經沒有餘力，就只能眼睜睜地看著部位一再虧損，更別說要反敗為勝。可是若能充分做好資金控管，手上還有子彈，即使有天大的利空發生，仍舊有餘力趁機進場布局，反敗為勝。**在股市最令人愉悅的事，莫過高檔有股可賣，低檔有錢可買。**

「資金控管」就是做好資金管理，不把百分之百的家當全數投入市場，而要預留餘力面對可能的突發性利空。這很類似於國外投資機構所做的資產配置，是一種分散風險的概念。過去老人家時常告誡我們，吃飯的時候七分飽最好，絕對不要吃得太撐，操作任何金融商品也是一樣，手上有一百萬元，絕對不要把一百萬元全部投入，最多只能使用一半，留有另外一半的現金在手，才能在利空之中保有施展的餘地，不至於全盤皆輸。

資金控管主要是預防突發性因素影響預判行情時，預留危機處理的空間，避免在市場最恐慌時做出錯誤決定，度過保證金追繳難關。如果沒有做好資金控管就冒然進場，一旦行情不如預期，在最難熬的時刻將遭到期貨商一道道的保證金追繳令，身心的雙重煎熬，反而容易失去理性與信心，而在市場最恐慌的時候出現殺在最低點的錯誤，錯過了反彈和揀便宜的大好機會。

政治性利空突襲，散戶受傷慘重

九十三年總統大選之後，法人、自營商及散戶都受傷不小，不過這一次我聽過最嚴重的「災情」，是一個選前全數壓寶期指多倉的散戶，在選後短短兩天，就大虧超過一億元。這名散戶過去幾年動輒都有十億元以上的資金在股票市場殺進殺出，買股票、買期貨都很「阿莎力」，一定是全部押到滿爲止，手筆之闊綽，連證券商、期貨商都要奉爲座上賓。她也很自豪地說：「以前只要短短不到二十分鐘，很輕易就可以賺到幾十萬元。」這種「財力」與「雄心壯志」，在散戶中的確相當少見。可是這種壓寶的操作方式，幾年下來並沒有大幅累積她的財富，反而一點一滴侵蝕她的資本，關鍵性的最大失誤，是在選前將七千萬元的所有資金，全部押在期貨上。

由於堅信連宋當選，於是她在選前兩天大舉買進六百零六口台期指及五十七口金融期指，準備在選後一搏，如果以當時台期指一口原始保證金九萬元，金融期指七．五萬元計算，所需投入的原始保證金就高達近六千萬元。豈料人算不如天算，沒有做好資金控管的結果，選後的政治爭議讓台股陷入赤色風暴當中，讓她領略到市場的無情與殘酷。台期指選後首個交易日狂挫四百五十五點，以一點台期指契約價值兩百元計算，當日帳上就出現淨虧損逾五千五百萬元，而且馬上還要面臨保證金追繳的危機。但因爲她選前全數壓寶，選後已無力補足保證金，使得選後第二天只好以跌停價五千九百零八點含淚殺出，第二天再虧損五千五百萬元，短短兩天就出現累計鉅額損失逾一億元之多，受傷情況可說相當慘重。

這種活生生、血淋淋的慘烈戰役，大部分都起因於資金控管不當。特別是期貨是以「保證金」交易，財務槓桿程度要較其他金融商品爲高，以台股指數六千點爲例，一口台期指原始保證金十二萬元，每一點契約價值兩百元，換句話說，投資人只要投入十二萬元，就可以操作總契約價值高達一百二十萬元的台期指貨，財務槓桿倍數高達十倍。正因爲獲利與損失都會因爲財務槓桿的效果而放大，所以市場普遍流傳著一個簡單扼要的口訣：「**作一口要留一口的錢。**」也就是說投資一口期貨，最好保留同等的原始保證金，做好嚴謹的資金控管，才能因應突發性的市場因素。

危機與轉機

九十三年總統大選後的突發性利空，讓台股出現連續性崩跌。市場情緒陷入極度不理性的恐慌，我手上部位雖有一百多口期指及選擇權多頭部位，總共被追繳的金額就高達兩億元以上，可是因爲堅持一貫良好的資金控管，因此在補足保證金後，我並未感到恐懼，也沒有隨著市場起舞追殺部位，反而積極尋找前所未有的進場良機。

台期指第二根跌停板出現時，委掛賣單一路被消化，跌停打開的機率不小，於是我進場大買跌停板的台期指，果然盤中急拉兩百點，一口來回就淨賺四萬元。選擇權部分，市場過度的恐慌追殺心態，導致賣權價格愈來愈不合理，於是我一路賣出六千至六千兩百點的賣權，後來指數迅速止跌反彈，賣權權利金下降的速度極快，彌補原有部位的潛在虧損。可是話說回來，如果沒有良好的資金控管，也就無法化危機爲轉機，面對這些因突發性利空產生的賺錢契機，就只能乾瞪眼，毫無翻身的機會，而這也再度驗證了資金控管的重要性。

每次台股重創，就讓很多投資人信心受挫，但這時更是要格外冷靜分析，到底是什麼因素造成股市重挫？若是因爲非經濟因素的影響，實際上並不會阻撓趨勢的演變，只有眞正的經濟因素才有主宰趨勢的能力。過去發生的九二一大地震和美國九一一事件，情況都比總統大選的爭議嚴重許多，可是最後事實證明，這些非經濟因素反而是帶來浴火重生的機會。以九一一事件爲例，不到三個月的時間，那斯達克指數就飆漲至兩千點，漲幅足足高達一倍之多，還突破九一一時的高點！九十三年總統大選後股市重挫，短短不到一個月的時間，台股又反彈了九百點之多，當時殺在六千零二十點低點的散戶投資人眞是情何以堪。

第六章

活用基本分析與技術分析

基本分析可幫助您避開「地雷股」，

技術分析讓您避免「追高殺低」，

是操作股票極重要的兩個環節。

基本分析和技術分析，是操作股票極重要的兩個環節。以基本分析來說，除了要觀察市場供需與產業前景之外，財務報表的研讀是診斷個股實際營運表現的最佳呈現。雖然財報分析的公式不少，投資人只要了解基本的三大財務報表，以及幾項重要的財務指標，利用股市觀測站所提供的各項資訊，就能定期爲手中持股「健診」。至於技術分析方面，技術指標的好處是可以避免行情過多假突破或假跌破訊號，所謂假突破，是指數或股價超過前波高點或壓力線，可是指標數值未能同步走高，這時就有假突破的疑慮；假跌破則是指股價或指數跌破前波低點或支撐線，技術指標數值卻沒有創新低，出現背離現象，透過技術指標的輔助，在短線操作上可更爲精準。雖然參考指標與型態不少，可是投資人只須留意KD及MACD兩項指標即可，其他的技術分析法則，暫時都可以拋到九霄雲外。

先看懂財務報表

很多投資人沒有財務背景，總會把「看懂財務報表」視爲畏途，但這其實是投資股票的基本動作，就像學功夫要先學會蹲馬步一樣，這是判別個股財務結構良窳的唯一方式，

也是避免買到地雷股的唯一方式。投資人應該放開胸懷，把複雜的財務報表抽絲剝繭，提綱挈領抓住重點，相互比較後，才能在沙堆中找出黃金。

資產負債表

三大財務報表分別是指資產負債表、損益表及現金流量表。資產負債表是強調特定期間資產負債流動的狀況，主要內容可分爲資產、負債與股東權益（參閱表6.1）。

所謂「資產」，是指企業因過去的交易或其他事項所獲得的經濟資源，而且這些資源能以貨幣衡量並預期未來能提供經濟效益，包括有流動資產、長期投資、固定資產、無形資產及其他資產等。用一個最好記的方法來看，資產就是企業或個人可以用金錢衡量的「權利」。流動資產包括現金、應收帳款及應收票據，還有一年內會處分的存貨或投資，但長期資產則是一年以上才能實現的「權利」，或是能產生收益、但不能隨意處分的「不動產」，也可視爲長期資產。

「負債」是指因爲過去的交易所產生的經濟義務，企業有義務以提供勞務或用其他經濟資源來償付。和資產一樣，負債也包括流動負債、長期負債等，簡單地說，負債就是積欠債權人的義務，流動負債就是一年內必須結清的「義務」，而超過一年以上才必須結清的義務，則通稱爲「長期負債」。

至於「股東權益」，是指股東們所擁有的權利，包括股本、資本公積及保留盈餘。公司發行多少股票，只要用股數乘以十元，就是全部的股本；資本公積是指公司出售土地、資產的收益部分，或是股東捐贈給公司的資本，以及法令或公司章程明定的公積金；至於保留盈餘則是指公司歷年的獲利部分，每年公司都會將提列過法定或特別公積的稅後盈利，轉進保留盈餘。資本公積與保留盈餘愈多，公司的體質就越穩健。

資產負債表的重要指標

企業黑數：應收帳款與存貨

一般投資人往往只注意到營收、毛利、每股盈餘（EPS）等絕對數字，事實上眞正暗藏機關的，反而是那些顯少讓人特別注意的指標，尤其是應收帳款與存貨，就常常影響到企業的營運表現。有些公司的銷收金額很高，但收到的都只是遠期支票，也就是會計上的「應收帳款」，這些金額都不是現金，只是一個「未來才能收回的經濟利益」，應收帳款

表 6.1　台積電(2330)93 年與 92 年簡明資產負債比較表

單位：億元

	93 年 3 月 31 日		92 年 3 月 31 日			93 年 3 月 31 日		92 年 3 月 31 日	
會計科目	金額	%	金額	%	會計科目	金額	%	金額	%
資產					**負債**				
流動資產	$1757	41.73	$1029	28.35	流動負債	$380	9.04	$203	5.6
基金及長期投資	379	9.02	341	9.39	長期負債	329	7.83	392	10.81
固定資產淨額	1959	46.53	2055	56.59	其他負債	33	0.8	37	1.03
無形資產合計	21	0.51	25	0.69	**負債總計**	744	17.68	633	17.44
其他資產合計	92	2.19	180	4.95					
					股東權益				
					普通股及特別股股本	$2026	48.13	$1992	54.83
					資本公積	568	13.5	568	15.64
					保留盈餘	898	21.34	451	12.42
					股東權益調整項目及庫藏股	-28	-0.66	-13	-0.36
					股東權益合計	3465	82.31	2998	82.55
資產總計	$4210	100	$3632	100	**負債及股東權益總計**	$4210	100	$3632	100

比重越高，甚至客戶有倒帳之虞，就有可能打擊公司的獲利表現。

存貨雖然也是資產科目，但過多的存貨反而是一個負擔，因爲賣不出去，或是產品週期周轉太快，這些產品不值錢，都將迫使公司對這些存貨提列跌價損失，進而侵蝕公司潛在獲利。過去的DRAM、被動元件、網路設備及零組件等類股，都曾出現因爲存貨庫存太多，導致提列過多存貨跌價損失而莫明其妙大虧，股價也都因此大跌一段。

流動比率

流動比率（流動資產／流動負債）是衡量企業短期償債的能力，好比一個人欠債還錢能力的高低。還錢的能力（流動資產）就是把手邊可以變現的東西加總（現金＋有價證券＋應受款項＋存貨＋預付費用），和一年內要償還的負債（流動負債）相比，流動比率越高代表短期償債能力越好。曾經爆發財務危機的十美，九十年度的流動比率爲八〇％，九十一年度就降低至七七％，九十二年度更降低至七五・五五％，還債的能力可說是每下愈況。

負債比率

負債比率就是負債總額與資產總額的比例關係，是衡量一家公司資本結構的重要指標，就好比一個人欠債的多寡。試想，一個人若債務欠得愈多，就愈容易發生周轉困難的現象，還債的能力就愈低。如果借錢給這種人，最後的結局可能就是「肉包子打狗，有去無回」了。

資產的來源，不外乎是由股東出資或由公司對外舉債而得，以舉債方式籌資具有發揮財務槓桿的功能，有助提高投資報酬率，加上利息費用可以抵稅，因此也具有稅務上的優點；但缺點是當舉債過高時，因財務槓桿而使風險提高，若發生營運不如預期時，將有倒閉的風險。因此由負債比率可看出一家公司的體質是否健全。十美九十年度的負債比率爲七〇％，九十一年度時就已升高到七三％，發生財務危機前的負債比例更升高到八〇・一二％，顯示十美的負債狀況是「病入膏肓」，這樣的公司當然不值得投資。

權益比率

權益比率就是「股東權益／資產總額」，是由股東提供的自有資金比率。權益比率越高，對債權人的保障越大，相反的，權益比率越低，代表股東出資越少，公司舉債越多，財務結構就越「危險」。

但負債或權益比率的高低也不能一概而論，只要是從股東募集資金的成本大於舉債成本，公司就應積極舉債。像前兩年利率低檔的時候，台灣電子大廠紛紛出國發行海外可轉債募集資金就是一例，公司僅需支付有限的利息費用，就能取得讓公司發展的長短期資金。但相反的，若是舉債成本遠高於向股東募資的成本，就該積極發新股換現金，如此公司的財務結構才會更健全。

損益表——公司經營績效重要指標

損益表是呈現公司在一定期間的獲利表現。觀察損益表要從最上面的收入總額開始，也可稱之爲營收總額。營收的來源包括銷貨收入、佣金收入、租賃收入，以及提供各種專

業服務所收取的服務費用，形式通常是現金或應收帳款（參閱表6.2）。

營收與毛利

依台灣現行法律規定，每家上市櫃公司都必須在當月的十日之前，公布上個月的營收狀況，可直接反映公司最即時的業績表現。但營收不能視爲公司的獲利，因爲公司還會有相關銷貨及管銷成本，因此營收扣除銷貨成本，就是營業毛利。將營業毛利除以銷貨收入，就是「毛利率」；毛利率愈高，代表公司在該領域具有獨特的技術或創新能力，具有高毛利率的公司往往是該領域的龍頭廠商或利基型廠商。毛利率提升時，通常也代表公司的新產品效益出現，或是規模經濟量的顯現。

營業利益

營業毛利扣除營業費用，就是營業利益，是最直接反映公司經營績效的重要指標。營業利益和營收間的比例，稱之爲營業利益率，是指公司每創造一元的營收所得到的獲利；營業利益與毛利率的差別在於，毛利率只考慮直接因生產產品所需要的成本，而營業利益則將所有耗用的成本包含在內。營業利益率是反映一家公司本業獲利能力的指標，當營業利益率提高時，代表公司可能因新產品效益、規模經濟或管理績效提升，而使營運體質轉佳。

盈餘與每股盈餘

營業利益雖然已經很接近公司的實質獲利，但是因爲公司可能還會有業外轉投資及稅賦等項目，所以加計業外轉投資收益後，稱之爲稅前盈餘，再扣除營利事業所得稅，就是稅後淨利（純益）。稅後淨利除以公司流通在外的股數，就可得出每股盈餘，每股盈餘愈高，代表這家公司每單位資本額的獲利能力愈高，用很少的資源就能創造很高的獲利。

稅後淨利愈多，就好比一個人賺的錢愈多，生活享受就能更好，能分享給家人的就愈多，企業盈餘與股東所分享的關係也是如此。不過賺錢的來源有很多，可能是由白手起家（本業）而來的，也可能中樂透（業外）而來的，儘管方式百百種，眞正靠白手起家而來的，才是長久穩定的生存之道；若靠運氣買樂透期待中獎，可能就常常有一頓沒一頓的，這種投機取巧的模式是無法維持長久的。

若單純只看稅後淨利或每股盈餘，因爲包含了業外收益，所以很容易被這些數字所誤

表 6.2　台積電 92 及 91 年度損益比較表

單位：億元

	92 年 12 月 31 日		91 年 12 月 31 日	
會計科目	金額	%	金額	%
銷貨收入淨額	$ 2,019.04	100	$ 1609.61	100
營業成本合計	1,290.13	63.89	1089.94	67.71
營業毛利(毛損)	728.92	36.1	519.67	32.28
推銷費用	11.94	0.59	11.40	0.7
管理及總務費用	63.38	3.13	52.10	3.23
研究發展費用	127.13	6.29	114.40	7.1
營業費用合計	202.44	10.02	177.91	11.05
營業淨利(淨損)	526.48	26.07	341.76	21.23
營業外收入及利益				
利息收入	8.19	0.4	10.08	0.62
投資收益	7.91	0.39		
處分固定資產利益	4.39	0.21	2.74	0.17
處分投資利益	1.15	0.05	0.32	0.01
什項收入	5.01	0.24	4.49	0.27
營業外收入及利益合計數	$26.66	1.32	$17.63	1.09
營業外費用及損失				
利息費用	15.76	0.78	21.20	1.31
投資損失			57.17	3.55
處分固定資產損失	3.73	0.18	2.22	0.13
兌換損失	7.56	0.37	1.21	0.07
閒置資產折舊及跌價損失	14.02	0.69		
什項支出	1.78	0.08	6.48	0.4
營業外費用及損失合計數	$42.85	2.12	$88.27	5.48
稅前淨利(淨損)	510.28	25.27	271.12	16.84
所得稅費用(利益)	37.70	1.86	55.02	3.41
本期淨利(淨損)	$472.59	23.4	$216.10	13.42
每股盈餘	2.33		1.05	

導，因此觀察企業盈餘的品質，除了本業營運外，還須審視其業外收益佔整體稅後淨利的比例。業外收益過高，表示企業不重本業經營，企圖以頻繁的業外操作來矇騙投資大眾。

過去不少公司都是死在這一關的，華隆於民國八十五年時的業外收益高達二十七億四千七百萬元，但當年的獲利也不過才十一億元，顯示華隆本業虧損了將近十七億元，靠著業外收益入帳才勉強變成賺了十一億元，這種獲利模式是相當不可靠的。因爲業外收益的波動性往往很大，如果連業外投資也虧損了，本業、業外兩頭空，財報表現可就難看了。

十美的情況也相當類似，民國九十三年第三季十美總算轉虧爲盈，看起來好像轉機十足，但是如果詳細端倪，就可以看出個中蹊蹺。因爲十美第三季單季營業利益僅一千兩百萬元，比第二季發生虧損時的兩千八百萬元還少，顯示十美的獲利並不是靠本業賺來的。再進一步觀察到業外部分，看到十美靠著處分資產出現了一千八百萬元的業外收入，果然是靠業外收入維持獲利，但這樣的盈餘品質還是弱不禁風，稍有閃失，就會兵敗如山倒。

本益比

本益比（P／E）是個股股價除以每股盈餘，是指投資人必須付出該公司每年獲利能力N倍價格才能擁有該公司股票。本益比愈低，代表投資人投入的金額愈低，潛在報酬較大。不過不同產業所享有的本益比不同，具有高成長潛力的公司所享有的本益比較高，成熟型公司的本益比則較低。

理論上投資股票是本益比愈低愈好，本益比愈高則較不具投資價値，可是本益比的適用已經開始出現盲點和迷思，特別是針對景氣循環股時，常會有失眞的現象。低本益比買進時，往往是個股頭部出現的位置，高本益比往往卻是個股股價底部，這是因爲本益比的計算，應該是以未來一年的每股盈餘計算，而不是以當年每股盈餘計算，這樣的評估才算客觀。而且還要考慮景氣循環性的變動，切忌一成不變地使用本益比評估股價投資性。

除了資產負債表、損益表外，各家上市上櫃公司及公開發行公司依法必須定期交付的財務報表，還包括現金流量表及股東權益表。這四張財務報表俗稱「四大表」，在該公司誠實編製，以及會計師依職權查核的基本假設下，掌握這四張財務報表就等於掌握了這家公司的資產品質、獲利能力、現金充裕度，以及股東權益的變化情形。

現金流量表

現金流量表是完全反應一家公司現金流進或流出最即時動態的報表，不論這家公司當年度做了多少業績、支付多少利息或是所得稅款，舉凡任何以現金爲基礎的營運狀況，打開現金流量表就能掌握一二。這就好比探究一個人口袋裡的錢是從哪裡來的（現金流入），還有最後花到那裡去了（現金流出）。

實務上現金流量表的編製可分爲三大類，分別是營運項目、投資項目及理財項目。營業項目主導所有短期營運活動必須支付及有能力回收的現金科目，相較之下，損益表是採用應計基礎制，也就是交易一經確認，不論有無收到現金都必須認列，而現金流量表則是現金基礎，有收到現金，或實際付出現金，才必須認列。至於投資項目，則是指任何支付／回收現金的長期項目（偏重資產表），而理財項目是指各種支付除以回收的長期現金科目（偏重負債及股東權益）。

在「現金爲王」的時代裡，現金流量能準確反映一家公司的經營與獲利能力。在東南亞爆發金融風暴之時，台灣有很多地雷公司大量認列營收，營收是眞的認列了，但資產項目都是借記應收票據、應收帳款，結果景氣一跌入谷底，欠錢的公司無法依約還款，大量認列營收的公司自然受到波及，因而淪爲地雷公司。如果當時投資人能緊盯現金流量表，發現這些公司的現金持續處在低水位，就可嗅到該公司回收現金的能力可能出了問題，當然要盡可能避開。

股東權益變動表

股東權益變動表則是完全將焦點鎖定在股東權益項目下，舉凡增資發行新股、買回庫藏股、減資、分配股息、紅利、處分固定資產獲利或損失等交易行爲，股東權益變動表都能提供投資人最完整的說明。

股價淨值比

股價淨值比（P／B）是每股市價除以每股淨值，是保守型投資人經常使用的相對價值指標。由於每股淨值含有重置成本的概念，因此，股價淨值比主要反映公司市值與重置成本的比較。一般來說，股價淨值比小於一者，代表市值有被低估之嫌，股價極具補漲條件；但要注意的是，對長期處於虧損狀態、產業前景有疑慮的公司來說，因公司未來淨值可能持續下降，短期所呈現的淨值並無法反應公司實際狀況，因此股價淨值較不具參考意義，仍需搭配其他財務指標綜合判斷。

股東權益報酬率與資產報酬率

影響公司實際價值與個股股價的因素有很多，單從每股獲利表現有時會因爲股本變動而失真，股東是否眞正受益，也極難單純從損益數字中得知，所以投資天王巴菲特（Warren Buffet）提出以股東權益報酬率（ROE）來分析公司獲利會勝於每股盈餘。主要是因爲股東權益報酬率可以利用杜邦方程式拆解爲淨利率、總資產周轉率及財務槓桿比率，這三項財務指標可更眞實地反應企業財務體質的強弱。國內各大企業率團到海外進行巡迴宣傳（Road Show）時，股東權益報酬率已成爲海外專業投資法人的必備「考題」。

股東權益報酬率是用來衡量股東投資所能產生的報酬，也就是股東每投資一塊錢，公司所能夠藉此創造的報酬比率。股東權益報酬率愈高，代表這家公司的賺錢能力越強，可爲股東創造更多的報酬，巴菲特就認爲，股東權益報酬率愈高的公司，代表管理當局愈有能力從再投資的計劃中獲得超額報酬（Exceed Reward），提高公司價值，投資於股東報酬較高，又不至於稀釋每股獲利的股票，自然具較大的獲利空間。

股東權益報酬率＝稅後淨利（純益）／平均總股東權益

股東權益報酬率的公式雖然簡單，卻很難從其中分析其內容眞正的含意爲何，因實務上都會利用杜邦公式再將股東權益報酬率拆成三個因子進行財務分析：

股東權益報酬率＝（稅後淨利／銷貨淨額）（淨利率）×（銷貨淨額／平均總資產）（總資產周轉率）×（平均總資產／平均總股東權益）（財務槓桿比率）

淨利率

淨利率是本期稅後純益除以銷貨淨額，主要用以測試公司獲利能力高低及控制成本、費用的績效表現，由於稅後純益的大小與稅前淨利、營業淨利及毛利呈正比，因此觀察這三個細項數字及銷貨淨貨的變化與良窳，即可了解股東權益報酬率的變動方向與高低。

總資產周轉率

總資產周轉率是銷貨淨額除以平均總資產來衡量公司資產之使用效率，倍數越大即生產力越高，股東權益報酬率也會相對提高。可是運用總資產周轉率需注意所分析的行業特性，並且同行業的企業進行總資產周轉率分析較具指標意義，例如物流業因銷貨金額較高，總資產周轉率相對較高，資本密集工業因總資產較高，總資產周轉率相對較低。

財務槓桿比率

財務槓桿比率是平均總資產除以平均總股東權益，用以測試企業總資產中舉債程度的高低，財務槓桿比率越大，代表負債越高，相對自有資本較低，反之亦然。分析財務槓桿比率時，必須考慮其舉債結構，如果大部分屬於公司債或短期借款，企業要能積極提升獲利能力，才能爲股東創造利潤。

資產報酬率＝稅後淨利（純益）／資產總額

此外，企業資產報酬率（ROA）也必須與股東權益報酬率綜合評估，資產報酬率就是企業每一塊錢資產，能創造多少比率的利潤；比率越高，代表公司運用資產的能力越強。一般而言，高負債公司的資產報酬率較高，風險相對較大，投資人的擇股策略應尋找價格合理，且具有高資產報酬率與股東權益報酬率的股票，搭配每股盈餘成長性的表現，綜合評估之後才能眞正找到潛力股。

以金融業而言，股東權益報酬率與資產報酬率的分析十分重要。一級金控公司的資產報酬率與股東權益報酬率約在一二%及一・五%以上，換句話說，一家資產總額超過一兆元的金控集團，股東權益（淨值總額）在一千兩百億元以上的金控公司，稅後獲利若能超過一百五十億元，就算是符合國際一流水準。台灣十四家金控於民國九十二年的整體財務表現，新光金股東權益報酬率高達一九・五九%，高居國內金控股第一，表現次之的分別爲玉山金、國泰金、華南金、台新金，股東權益報酬率均在一二%以上，都是屬於國際級的金控集團（參閱表6.3）。

表 6.3 金控公司 92 年股東權益報酬率與資產報酬率比較表

金控名稱	集團總資產(億元)	淨值(億元)	稅後純益(億元)	EPS(元)	ROE(%)	ROA(%)
新光金控	7,205	267	52.3	2.35	19.59	0.73
玉山金控	3,344	268	45.68	2.15	17.04	1.37
國泰金控	23,416	1,418	205.89	2.69	14.52	0.88
華南金控	14,654	709	100.31	2.12	14.15	0.68
台新金控	6,309	575	75.84	2.25	13.19	1.20
國票金控	416	237	29.02	1.37	12.24	6.98
兆豐金控	17,579	1,565	184.05	1.87	11.76	1.05
富邦金控	12,583	1,464	140.02	1.8	9.56	1.11
建華金控	5,176	469	42.01	1.2	8.96	0.81
中信金控	12,132	940	77.16	1.42	8.21	0.64
復華金控	3,120	351	24.54	0.85	6.99	0.79
日盛金控	2,713	293	-4.83	-0.23	-1.65	-0.18
開發金控	2,661	1,149	-128.54	-1.38	-11.19	-4.83
第一金控	14,787	683	-128.27	-2.58	-18.78	-0.87

資料來源：台灣證券交易所

獲得財務報表的管道

歷經多年的發展與法規要求，目前已經有很多管道開始提供市場各式交易資訊，最好的來源，當然是台灣證券交易所或是櫃買中心提供的上市上櫃股票資訊。舉凡外資、投信與自營商等三大法人的買賣超、融資融券使用，與人氣息息相關的成交量指標等，都可以從中找到相關可用且具公信力的資

圖 6.1　台灣證券交易所網頁

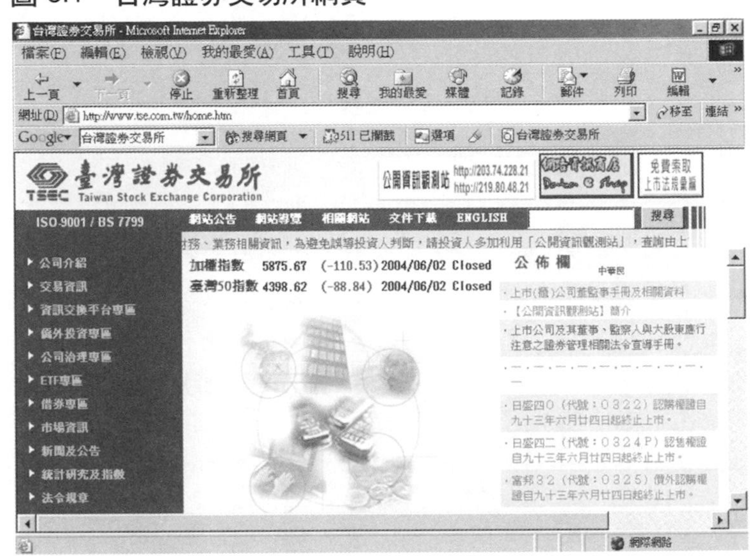

訊。讀者可參閱台灣證券交易所網站 http://www.tse.com.tw，還有公開資訊觀測站 http://newmops.tse.com.tw/，這些網站內充分提供單一公司的各式財務報表，投資人只要經常性地瀏覽這個網頁，自然可以輕易掌握各家上市公司的訊息。

幾個重要的財報公布時間，也是投資人必須定期上網瀏覽的。除了每月十日公布的上月營收外，每年四月三十日前都會公布上一年度，以及當年度第一季的財務報表；此外必須公布上市櫃公司的財測，每年八月三十一日前公布半年報，十月三十一日前公布當年第三季報表。

財測不具指標意義

大部分的新上市櫃公司，或是曾經籌資的公司，依現行法令規定都必須在每年四月底之前公布全年財測，很多法人都將之奉爲圭臬。但我卻認爲不具任何參考指標意義，因爲很多公司的財測要不是「膨風」，就是過於保守，這種敷衍的數字，準確性實在令人質疑。而且基本面隨時都在變動，訂單能見度有時還不到兩週，如此要公司準確預估未來一年的獲利，實在是強人所難。

技術分析僅供參考

技術分析理論多如牛毛，從最簡單的K線、型態、技術指標、波浪理論及費波南茲係數等，每一種評估的技術指標都有其優點，但因技術分析是集合過去的經驗所累積的結果，沒有人可以精確地利用過去和現在的數據去推斷未來。此外，每一種客觀的背景很難完全適用，線型再怎麼好，也沒有一檔個股股價能飛上天，線型再怎麼差，股價也不可能

變成零。空頭市場時，線型好的個股反而有補跌壓力，多頭市場時，線型差的個股上漲潛力反而大，W底與M頭往往就在一線之間。這種矛盾的現象，造成判斷後市的錯亂，所以千線萬線不如無線，不如不看。

正因如此，在我的投資哲學中，技術分析所佔的比重極輕，除了量價關係外，眞正較值得參考的只有KD和MACD兩種，至於其他的技術指標，參考就好，不必太認眞。

KD指標

KD值是隨機指標的理論基礎，綜合了動量觀念、強弱指標和移動平均線的優點，是屬中短線分析工具。股價上漲時，當日收盤價會向當日出現的最高價靠近；股價下跌時，當日收盤價會向當日出現的最低價靠近，相較於移動平均線，KD將參考期間內的最高價、最低價納入考量，比較能呈現股價的眞正波幅。它是由K（快速平均值）、D（慢速平均值）兩條線所組成，假設從n天週期計算出隨機指標時，首先須找出最近n天當中曾經出現過的最高價、最低價與第n天的收盤價，然後利用這三個數字來計算第n天的未成熟隨機值（RSV）。看起來有點複雜，不過現在的電腦很發達，投資人只要熟記以下原

表 6.4 KD線的應用原則

圖例	應用原則	圖例	應用原則
買進訊號	當K值大於D值，表示目前趨勢走向是向上。因此K線向上突破D線時，即爲買進訊號。	賣出訊號	當D值大於K值，表示目前趨勢走向是向下。因此K線向下突破D線時，即爲賣出訊號。

則，即可判斷買賣點，不必眞的去作計算（參閱表6.4）。

1.K與D的交叉須在八十以上、二十以下，多空訊號才具有參考性。

2.當K值大於八十，D值大於七十時，表示當日收盤價處於偏高之價位，呈超買狀態；當K值小於二十，D小於三十時，表示當日收盤價處於偏低價位，即爲超賣狀態。

3.當D值跌至十五以下時，意味市場爲嚴重之超賣，爲買入訊號；當D值超過八十五以上時，意味市場爲嚴重之超買，爲賣出訊號。

4.價格創新高或新低，而KD並未隨之創新高或新低，此爲背離現象，是可能反轉的重要前兆。

5.過去主要是用九日KD，但是因爲現在盤面波動不像過去這麼劇烈，一週交易日也只有五天，所以現在大部分都是用五日或六日KD，搭配敏感度極高的三十分鐘KD。

MACD指標

MACD（Moving Average Convergence and Divergence），是利用快速與慢速移動平均線聚合與分離的功能，用以研判買進與賣出的時機，運用移動平均線的離差，研判多空行情，該離差值稱之爲DIF，然後再以DIF值平均後得到MACD值，DIF減去MACD之後的數值成爲柱狀體。操作股票時，最麻煩的莫過於碰上牛皮盤整的行情，而根據移動平均線原理發展出來的MACD，一方面已經去除移動平均線頻繁的假訊號缺陷，另一方面也能保留移動平均線的優點。

行情處於多頭漲勢時，快速（短期）移動平均線與慢速（長期）移動平均線間的距離會愈拉愈遠，正差離值（正DIF）會愈來愈大，反之行情漲勢趨緩時，兩者之間的距離必然縮小；行情開始反轉向下時，快速線在慢速線之下，相互之間的距離也會愈拉愈遠，負差離值（負DIF）也會愈來愈大。不過和KD一樣，投資人不必去背誦困難的計算公

圖 6.2　2409 友達歷史走勢圖

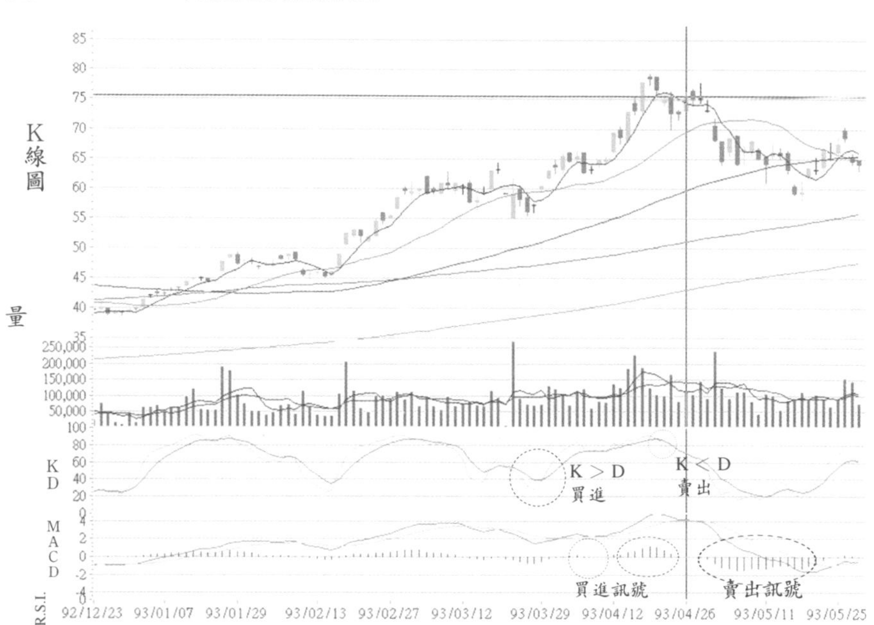

式，只要了解它的基本理論和以下的多空判斷訊號即可（參閱圖6.2）：

1. MACD（DEM）❶和DIF在零軸線之上為多頭市場。

2. MACD（DEM）和DIF在零軸線之下為空頭市場。

DIF向上突破DEM與零軸線時，為買進訊號；如果在零軸線以下突破，適合空頭平倉。DIF向下跌破DEM與零軸線時，為賣出訊號；如果在零軸線以上交叉，適合多頭平倉。

技術分析也會失靈

雖然KD值和MACD是極具參考性的技術指標，但是因爲技術指標在行情漲多或跌深之後，往往都會出現所謂的「鈍化」。以KD值爲例，平均值高低點在零到一百之間，若行情過熱或過冷，K值就會在八十以上的高檔區或二十以下的低檔區，出現股價大漲大跌，而指標卻不動的鈍化現象，這時的參考價值就大爲降低了。

台股在九十三年一月衝上六千點之上後，KD值同步進入八十的高檔區，可是指中持續大漲，K值卻開始出現鈍化，甚至開始往下走滑，形成大幅度的背離。同樣的，台股九十二年二月一路由五千點向下走挫至四千五百點時，KD值已雙雙跌破二十，可是指中持續大跌，K值卻逆勢向上走揚穿過D值，也是低檔鈍化造成的結果。正因如此，技術指標的應用，通常還是在於短線的操作爲主，波段性的操作還是要以基本面爲主要依歸，切莫本末倒置，倒因爲果。

注釋：

❶計算差離值的平均值（DEM）：第一天計算MACD時，直接將計算天數之DIF總和除以計算天數，求出平均值。

第七章

張松允講股

全球景氣榮景？

兩岸關係和緩？

台股重上萬點？

金融、電子、營建、觀光、航運

誰將帶頭上漲？

張松允精選投資組合，滿足多樣投資人需求。

全球景氣魅力四射

美國一向被喻爲全球經濟的火車頭，在西元二○○○年出現科技泡沫化與大幅經濟衰退之後，一路走來可說是荆棘滿布，可是小布希總統上台以後，促請國會通過了高達三千三百億美元的減稅法案，這在美國經濟最疲軟的時刻可說是久旱甘霖，直接刺激了企業投資和消費者支出。而美國聯準會從二○○一年以來，連續降息十三次，聯邦短期貸款利率創下歷史新低的一％，減緩了消費者的債務負擔，提升房屋市場交投熱絡；再加上弱勢美元政策刺激出口產業，因此雖然有九一一事件、美伊戰爭等諸多利空襲身，美國經濟在消費者支出續增、企業資本支出熱絡的力拱下，展開強勁的復甦，道瓊工業指數再次攻上萬點，那斯達克指數也挑戰兩千點大關。

日本發生經濟泡沫化以來，歷經長期景氣低迷，一九九○年代更被稱爲「消失了的十年」，日本政府爲刺激經濟成長，除了將實質利率調整至近乎零外，還擴大公共支出企圖扭轉頹勢，但由於消費者支出疲弱、失業惡化狀況未獲改善、通貨緊縮、銀行呆帳過高的結果，日本經濟還是陷入前所未有的蕭條。不過首相小泉純一郎意識到日本經濟的嚴重性，開始進行一連串的經濟改革工程，採行「休克療法」強制處理金融業不良債權問題，而使日本經濟猶如新生。例如二〇〇四年二月二十九日改造後的日本新生銀行（Shinsei）在東京證券交易所上市，首日股價即上揚五八％，新生銀行的風光上市一掃日本泡沫經濟的陰霾。日本開始與全球景氣復甦接軌，日經指數也一度攻克一萬兩千點大關。

中國則是繼美國及日本之後，主導二十一世紀全球經濟的明日之星。中國自西元一九七八年改革開放以來，經濟成長神速，每年國內生產毛額（GDP）都以九％高速成長，二〇〇〇年全球景氣低迷不振，中國卻以低成本勞力、土地及資源條件，吸引了來自全球各地的資金前仆後繼，競相投資，在全球經濟體中表現一枝獨秀。中國強勁的磁吸效應，不只名正言順成爲世界工廠，相關基礎建設帶動的資源需求，更是帶動全球經濟體成長的超強力引擎。

台股萬點行情可望再現

台股的未來在哪裡？我認爲台股九十四年可能出現第四次萬點行情。過去台股曾經出現過三次萬點，只是來得快，去得也快，「萬點情結」已經成爲所有投資人的「貝蒙障礙」。

可是經過多次的景氣循環之後，全球產業出現前所未有的結構性調整，科技的創新帶動電子科技產品更迭，面板、DRAM（動態隨機存取記憶體）產業再領風騷，「熄火」長達十年的內需產業，卻在低利率的刺激環境下萌發復甦生機；金融產業更因金控整併、打消呆帳及盈餘品質轉佳而成爲要角。百業頭角崢嶸，中國經濟加溫帶動台灣經濟無限想像，摩根士丹利國際資本公司也因台灣金融改革有成，大規模放寬外資交易限制，未來將全面調高台股權重。有基本面、資金面和籌碼面的撐腰，台灣面臨前所未有的繁榮景象，台股漲聲力道十足，到民國九十四年就可能再創萬點榮景。

內需產業抬頭帶動台灣經濟重新起飛

台股萬點的條件在哪裡？主要還是和內需產業的強勁復甦有關。過去造就台灣經濟攀頂的功臣，營建、資產等內需型類股居功厥偉。內需產業有點類似「悶燒鍋」，不熱則已，一旦悶燒了，熱度就會持續且長且久，不太可能一下子就降溫冷卻，好比民國八十年代的資產營建熱潮，一熱就熱了十年。

內需產業與一般電子外銷產業不同，主要是受內在因素啓動的自發性成長，而不受外在因素刺激影響。民國八十九年時，電子股再領風騷，台股登上萬點，不過當時只有電子股因受到美國大廠訂單的加持，而造就了很多科技新貴，可是科技新貴畢竟是少數，絕大多數的人並沒有賺到錢，造成了經濟成長的假象。國內景氣其實沒有眞正出現強勁復甦，而是「外熱內冷」的狀況，所以一旦美國科技股出現泡沫化後，景氣很快就往下直墜，台股的萬點行情來得快，去得也快。

但是內需產業一熱起來，所帶動的商機可就不容小覷了。包括鋼鐵、水泥及玻陶等所需建材，原本因爲國內需求乍起，供需不僅已經大大改觀，中國基礎建設所引爆的原物料需求，更使這些原物料行情居高不下。燁輝民國九十一年股價就從兩元漲到四十元，連大象股的中鋼，股價都能一路跳探戈跳到三十五元以上，水泥價格也一路飆升到每噸兩千三百元，台泥、亞泥及嘉泥業績都是搶搶滾。九十三年雖然有中國宏觀調控政策降溫，讓這些類股的火熱股價淋了一盆冷水，可是就是因爲怕它太熱，才會想適度降溫，但是中長期的偏多趨勢不至於出現重大改變。

營建股更是喜迎春天。內需產業回溫，過去淪爲雞蛋水餃股的營建股也大翻身，京城建設九十二年股價從六元漲到六十元以上，國建、國揚、德寶、宏盛、龍邦及大華建等營建股支支飆漲，台北市大直明水路的億萬豪宅——輕井澤、帝景，幾乎銷售一空，仁愛路的宏盛帝寶也造成熱銷。不論是中古屋銷售，還是預售屋的推案都普遍大增，市場買氣明顯回籠，與過去十年冷若冰霜的景況，可說是判若兩人，無怪乎這些營建股鹹魚大翻身，潛在業績可期，整個上下游產業也能雨露均霑。

政治衝擊影響內需市場有限

九十三年總統大選後的政治爭議，讓原本熱在興頭上的資本市場嚴重受創，市場原本擔心好不容易生機重現的房市可能將因此一蹶不振，可是三二九檔期依舊人潮滾滾，市場買氣絲毫未受影響。內需產業的復甦趨勢可說是相當確定，未來若將房地產爆發成長的周邊影響力加總起來，整個爆炸性威力絕對要比中央銀行調降利率的力量還要大，只要這股力量一天不退，國內經濟就可望持續成長，台股就還有持續飆升的機會。

資產股九十四年潛力無窮

台股未來若能突破七千點，資產及營建股的爆發力就有機會在民國九十四年發酵。民

國八十年代，台灣對美國出現龐大的貿易順差，美元與台幣的匯率爲一比四十，但在美國的壓力下，新台幣被迫大幅升值，造就了台灣國民所得倍增，股市飆漲，房地產行情狂熱。擁有低成本且大坪數之都市精華區土地，因具土地開發及增值的想像空間，資產效應題材於民國七十七及七十八年發酵到最高峰，當時多檔資產類股均出現數百元的高價，只是隨著產業外移、資金外流、餘屋過剩，加上高科技股興起吸走了市場大量資金，資產與營建股的美麗光環沉寂黯淡長達十多年之久。

歷經十數年的物換星移，政府爲刺激國內經濟而擴大內需，一舉釋出高達一．二兆元的低利優惠房貸，市場利率創下四十五年的新低水準，加上土增稅減半徵收，對於提列土地增值稅準備爲大宗的資產股而言，不僅可以回沖半數準備金外，更可以藉此提高土地資產的價值。土地與房地產瞬間從一灘死水變爲活水，壓抑長達十年之久的購屋買盤一哄而上，造就京城建設在九十三年締造高達六五〇％的驚人漲幅，其他包括興富發、宏普、訊嘉及基泰等營建股，九十二年漲幅普遍也都在三倍以上。

不少資產股目前已積極進行活化資產的腳步，士林三寶中的士紙、士電及新紡等，已經陸續積極規劃爲複合式住商中心及知識經濟產業園區；擁有板橋新站土地的厚生、桃園中壢開發案的泰豐，還有全省精華土地資產最多的台肥、貨櫃土地的榮運及物流通路的大榮等，均是國內最老牌的資產概念原汁雞湯，資產營建股有機會重演當年盛況。

兩岸三通，航運觀光商機無限

常往返兩岸之間的台商，對於來往台海兩岸一定是搖頭連連。以往返台北上海為例，飛行加轉機時間最少就要六小時，實際的飛行航程卻只要一個半小時，而且還把往來台北上海間的龐大商機白白送給香港赤臘角機場，這種作法實在太不經濟。

陳水扁總統連任，引發各界對於未來兩岸關係存疑的態度，但因台商在中國基礎已深，陳水扁總統亦在五二〇就職演說中指出，兩岸將致力於建設與發展，建立一個動態的和平穩定互動架構，進一步推動三通文化經貿往來。這個重要性談話勾勒出兩岸三通的願景，三通不再是夢想。兩岸三通，百業一定愈發興旺，受惠最大者之一是航空業。試想，未來兩岸開始直航，台北上海一天就可往返，就像台北高雄一樣容易。企業可以節省人事、通勤與運輸成本，兩岸航班一定是班班客滿，華航、長榮等航空公司鐵定是最大受益者。

除了航空業外，緊接著受惠的就是旅遊觀光業。台灣人民赴大陸旅遊或探親人數自民國七十六年開放以來，每年均呈現爆炸性成長，民國九十一年入大陸（含港澳）總人次已達三百五十五萬人次，較開放之初的六萬人次，十五年來大幅成長近六十倍之多。相較於台灣人民赴大陸經貿、旅遊的熱絡，目前台灣將大陸人士來台條件局限在人道探親及專業交流等兩項，因此大陸人士去年來台人數還不到三十萬人次，兩岸交流暢通程度明顯有別。

國內觀光業長期都呈現「出超」的窘態。民國九十一年全年出國總人數約七百五十萬人次，但國外人士到台觀光洽公僅兩百六十萬人次，一年出現近五百萬人次的大幅出超。這種現象就好比一個國家貿易嚴重出超一般，對於一國經濟體不啻是很大的傷害。可是未來兩岸三通之後，觀光業絕對將蓬勃發展。

看準大陸人民驚人消費力

以香港回歸大陸後爲例，民國九十年大陸人士赴港僅五十萬人次，九十一年有條件開放後，大陸人士赴港人數即高達四百五十萬人次，成長幅度高達八倍之多，九十二年雖然因爲SARS疫情影響，全年也有五百萬人次。九十三年開始，大陸進一步開放香港「個人遊」範圍，五月開放至整個廣東省，七月則擴展至江蘇、浙江、福建三個省九個城市，屆時總共三十二個城市的一億五千多萬人口，將可循「個人遊」途徑往香港旅遊。

大陸內地消費力有多高？民國九十三年五月一日開始的中國七天黃金假期期間，總計就有超過四十萬人次湧入香港瘋狂大血拚，包括各式精品、服飾及電子商品，單單一週的消費金額，香港旅遊局初估至少就有一百三十億台幣之多，每個大陸血拚客左手一袋古奇（Gucci），右手一袋普拉達（Prada），古家班、普家軍的稱號早已不逕而走。眼尖的國際知名時尚品牌，最近已經積極前往探路，準備在香港開設旗艦店，包括餐飲、零售及娛樂等周邊衛星行業，更是磨刀霍霍，就是看準大陸民衆的驚人消費力。

根據調查，兩岸未來開放三通之後，大陸人民出國第一志願變成是台灣，而不是香港。以一名大陸人士來台觀光，每天在台消費一百五十美元，每次觀光天數平均八天，每年開放一百萬人次來台觀光計算，每一年至少就可以創造出四百億台幣的觀光產值。若進一步開放到兩百五十萬人次，就可以創造出千億台幣的商機，而且國內交通、食宿、購物、遊樂場等相關衛星產業產值更可出現二・七倍的成長，無煙囪工業的潛在產值著實不容忽視，如果再以目前香港所出現的觀光產值計算，台灣觀光業的前途就更不可限量了。

台商影響台灣經濟前景

中國大陸市場就如黑洞般，具有無法抵擋的磁吸效應，早已吸引不少台商積極展開西進，雖然台灣政府過去一再以戒急用忍政策及各項投資限制來阻擋台商西進狂潮，但挾著龐大、低廉勞動力與物料、毫無隔閡的語言優勢，以及中國十數億人口的驚人市場，使得珠江、長江三角洲成爲台商群聚的重鎮，近期因珠江三角洲發展已趨飽和，台商近年開始以上海爲核心作輻射性放射的區位，長三角地區也因爲擁有優異的地理區位、高知識人才以及完整的基礎建設，再加上法制健全、生活環境優良，因此高科技台商大廠紛紛向昆山、蘇州、吳江及無錫等地集結，形成了一個完整且極富國際競爭力的IT製造聚落。

台商民國九十二年在中國的總投資金額已高達八百億美元，佔整體「外資」對中國投資金額比例達兩成之多，中國也正式超越美國、日本，成爲台灣最大的貿易出口國，比重也較八十二年呈倍數成長。台灣未來經濟前景關鍵是在台商與中國大陸的經濟表現。

台商在長三角群聚投資效應

站在上海黃埔江灘頭，映入眼簾的除了浦西英租界的歐式巴洛克古典建築之外，一眼望去，就是高樓櫛比鱗次的浦東陸家嘴金融區，十里洋場的一夕數變，的確讓人驚嘆連連。中國社會主義式的資本主義，發揮了斯巴達式的效率，上海浦東周邊還有金橋加工區、張江高科技區及外高橋保稅區等三大工業區，共同加持上海浦東的經貿功能，配合昆山、蘇州、吳江、杭州及無錫等周邊衛星城市，面積僅十萬平方公里，佔中國全國總面積二・二%的土地。總人口已超過七千五百萬人的長三角地區，不僅是全球第六大城市群，吸引外資投資金額已超過一千五百億美元，而且全球五百強中企業就有四百餘家前往投資，共有近兩百家國際金融機構設立分公司或其他機構，佔全中國出口貿易量逾三〇%，佔中國國內生產毛額逾一八%，長三角的經濟影響力可謂無遠弗屆。

台商在中國大陸總投資金額已高達一千五百億美元，大陸廠挹注母公司獲利比重也愈來愈高，這股跟進狂潮不僅沒有因此而出現歇止跡象，而且還有方興未艾之勢。電子五哥為首的鴻海，在深圳投資轉趨飽合後，投資觸角亦往北延伸至昆山、杭州及蘇州，生產各式零組件及手機；廣達則赴上海松江加工出口區，獨資成立達豐及達功兩家公司，生產電腦主機板及外殼組裝。

仁寶早已積極地在昆山擴廠，大量生產筆記型電腦；華碩在蘇州設立名碩、凱碩、係碩、康碩及百碩等轉投資公司，進行印刷電路板、連接器及電源供應器等產品之電子專業代工（EMS）垂直整合；明基則在蘇州進行光碟機、手機及掃描器的生產。電源供應器大廠台達電選定吳江作大規模設廠，台灣面板大廠友達光電，則落腳蘇州設立後段模組廠，華映則選在吳江設立後段模組廠，還有緯創、宏基、華宇、神達、輔祥及瑞儀等，也都在蘇州、昆山或吳江正式落腳，帶動長三角投資群聚效應的重要關鍵。

面板成為主流電子產業

過去台灣的電子產業主流，歷經半導體、主機板、筆記型電腦、IC設計的更迭，隨著友達及奇美電股價雙雙超越聯電、台積電後，友達、奇美電、華映、廣輝及彩晶等台灣五大面板廠九十三年總產值也將以近一百五十億美元，超越韓國，而成爲世界第一。全球面板產業九十三年全年總產值則高達四百四十七億美元，超越半導體產業的四百四十一億美元，是兩大電子產業有史以來，主客地位第一次互異，正式宣告面板取代半導體成爲新

表7.1　全球半導體產業近年資本支出與產值比較一覽表

資本支出比較一覽表					單位：十億美元
產業	民國89年	90年	91年	92年	93年(E)	94年(E)
DRAM	9.7	6.8	5.1	6.9	9.3	8.4
晶圓代工	7.0	12.2	2.7	1.8	5.3	5.3
半導體合計	16.7	19	7.8	8.7	14.6	13.7
面板	6.7	3.8	5.2	6.6	11.3	6.8

產值比較一覽表						單位：十億美元
產業	民國89年	90年	91年	92年	93年(E)	94年(E)
DRAM	29.2	11.4	15.1	18.2	22.8	22.0
晶圓代工	14.0	9.2	11.3	14.2	21.3	19.6
半導體合計	43.2	20.6	26.4	32.4	44.1	41.6
面板	16.8	14.6	22.3	32.1	47.7	54.9

資料來源：美商顯像資訊（DisplaySearch）（E）表預估

王者地位的時代來臨，未來幾年的成長動力仍十分強勁（參閱表7.1）。

過去半導體產業獨霸的時代（參閱圖7.1、7.2），晶圓代工龍頭台積電於民國八十三、八十四年時的每股盈餘均逾十元以上，當時台積電股價一度高達兩百元以上，DRAM的華邦電、力晶及茂矽，過去股價也凌駕在面板股之上。但友達及奇美電九十三年獲利表現可望與當年台積電匹敵，股價也正式超越台積電，絕大多數的DRAM個股，就算基本面再強，股價只有友達或奇美電的半價而已，面板產業已正式取代半導體產業成就王

圖7.1　2330台積電歷史走勢圖

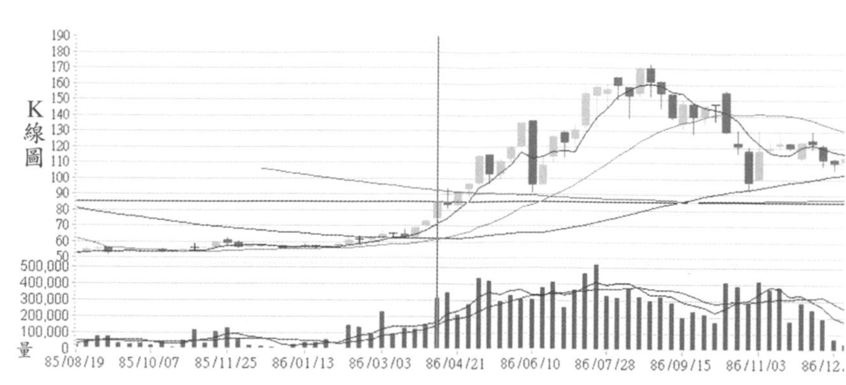

者地位，未來友達及奇美電股價都有百元以上的實力。

台灣面板產業群聚地點主要在龍潭、中科與南科三地，桃園龍潭已有友達、華映及廣輝等三大面板廠，加上相關配套的濾光片生產線配置，北台灣的光電聚落已經成形。開發中的中部科學園區，也因龍頭廠友達的率先進駐，帶動其他周邊廠商進駐投資。南部科學園區則有奇美與瀚宇彩晶、康寧熔爐、背光模組冷陰極燈管廠，還有緊鑼密鼓規劃的液晶電視生產專區，形成極完整的TFT-LCD上下游供應鏈。目前中國大陸的面板產業仍處於萌芽階段，北京東方電子（BOE）民國九十二年一月底才併購韓國Hynix的TFT-LCD部門Hydis，計劃九十四年於北京投產第一條五代線，並於九十五年量產；上海廣電（SVA）與NEC，則將於九十三年十月在上海合作量產。大陸在民國九十四年以後才有兩條

表7.2 全球面板大廠新世代產能產出比較

全球面版大廠	生產線世代	玻璃基板尺寸(mm*mm)	基板滿載產能(千片/月)	開始量產時間
友達光電（AUO）	5.0	1100×1300	70	1Q04
友達（AUO）	6.0	1500×1850	90	1Q05
奇美電（CMO）	5.0	1100×1300	120	4Q03
奇美電（CMO）	5.5	1300×1500	120	1Q05
瀚宇彩晶（HannSTar）	5.0	1200×1300	120	1Q04
瀚宇彩晶（HannSTar）	6.0	1500×1850	90	4Q05
華映（CPT）	4.5	7300×920	75	2Q05
華映（CPT）	6.0	1500×1850	90	2Q05
廣輝（QDI）	5.0	1100×1250	60	4Q03
廣輝（QDI）	6.0	1500×1850	90	2Q05
Innolux	5.0	1100×1300	65	4Q04
Sharp	6.0	1500×1800	45	1Q04
LG Philips	6.0	1500×1850	90	4Q04
LG Philips	7.0	2120×2320	90	2Q05
Samsung	5.0	1100×1300	100	4Q03
Samsung	7.0	1870×2200	70	2Q05

資料來源：各廠商

圖7.2　2303聯電歷史走勢圖

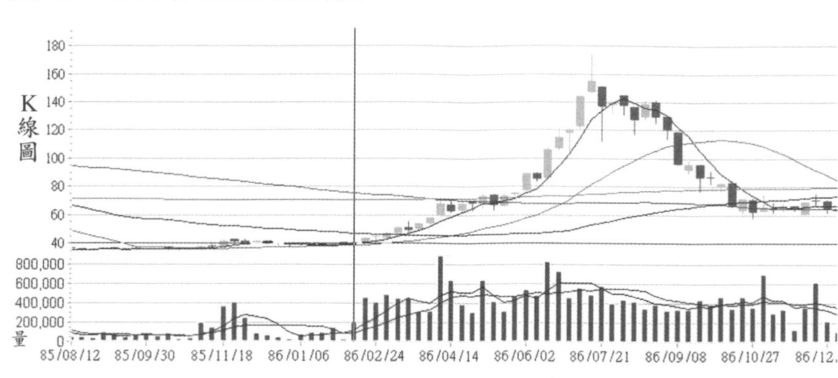

新五代線陸續投入量產，相較於台灣面板大廠紛往六代、七代線製程，想要威脅台灣面板廠，可能還需要很長一段時間（參閱表7.2）。

要徹底分析電子股的主流地位，不如直接從該產業與該類股的關連性與應用面來看。全球面板產業發展之所以如此蓬勃，主要是傳統個人電腦（PC）成長雖然趨緩，但LCD顯示器輕薄不佔空間的特性，全面襲捲過去以傳統映像管爲主的顯示器，帶動大量汰換熱潮，加上筆記型電腦替代個人電腦效應湧現，帶動十五吋以下的中尺寸面板需求。

西元二○○四年雅典奧運全程將以數位訊號轉播，數位電視不僅可產生八倍密高畫質，十六・九廣視角及五・一聲道的高音質視訊音訊效果，還可以提供互動式的數位資訊服務，此外也可在同一頻道中分出更多的視

表7.3 國內三大DRAM廠營運比較

	5346力晶	2408南科	5387茂德
單月256Mb DRAM預估產量	2200萬顆	1900萬顆	2000萬顆
民國92年產出量	1.6億顆	2.02億顆	2.16億顆
民國93年預估產出量	3.2億顆	3.1億顆	2.9億顆
單顆DRAM生產成本(加計封測)	3.2美元	3.8美元	3.6美元
民國92年每股盈餘	0.05元	-0.41元	0.07元

訊頻道，並提供互動式服務。業者可以引進付費頻道、計次付費節目，實行定址鎖碼和個人化電子節目單，讓電視具有全方位的多重功能。再加上數位廣播及DVD光碟的普及，以及個人電腦多媒體和線上娛樂服務的推波助瀾，消費電子市場已正式進入數位時代。

這些劃時代的功能，具備高畫質、色彩鮮艷亮麗、輕薄、臨場感及多重畫面的大尺寸液晶電視，將是一個極具關鍵性的主要觸媒。目前大尺寸液晶電視雖然因爲價格過高而使市場消費力受限，但隨著台灣面板大廠次世代生產線所帶來的成本降低效應，二十吋以上的液晶電視大尺寸面板價格可望持續調降，一旦液晶電視出現一千美元的魔術價格時，可望成爲未來面板產業持續成長的最大動力，面板業也可擺脫過去景氣循環的劇幅波動，成爲穩定性及成長性兼具的電子產業。

DRAM產業不如面板

賠錢比賺錢的時間還多，過去被戲稱爲「百億元虧損俱樂部」的DRAM產業，民國九十三年又開始生龍活虎起來，與面板股相互爭鋒。DRAM這一次的鹹魚大翻身，主要是八十九年以降的景氣衰退，大廠資本支出保守，韓國三星、Hynix及英飛凌等DRAM大廠將產能轉換至其他如Flash等利基型產品。DRAM產能出現排擠效應，加上消費性與通訊產品的應用，使DRAM不再單純仰賴個人電腦的成長，非過去吳下阿蒙。

台灣DRAM廠商自從華邦電退出標準型DRAM產品後，目前主要以力晶、南科及茂德三家大廠爲主（參閱表7.3）。力晶擁有一座八吋廠及一座十二吋廠，第二座十二吋廠預計於民國九十四年進行量產，由於十二吋廠可增加產量並大幅降低成本，因此力晶獲利與股價成爲台灣DRAM股中最具爆發力者。茂德雖然也擁有一座八吋廠及一座十二吋廠，第二座十二吋廠也預計於九十四年底進行量產，但投片量仍不如力晶。相較於擁有十二吋廠的力晶與茂德，南科則還是維持八吋廠並轉進〇．一一微米製程生產，未來營運能

圖7.3　DRAM現貨價與合約價比較

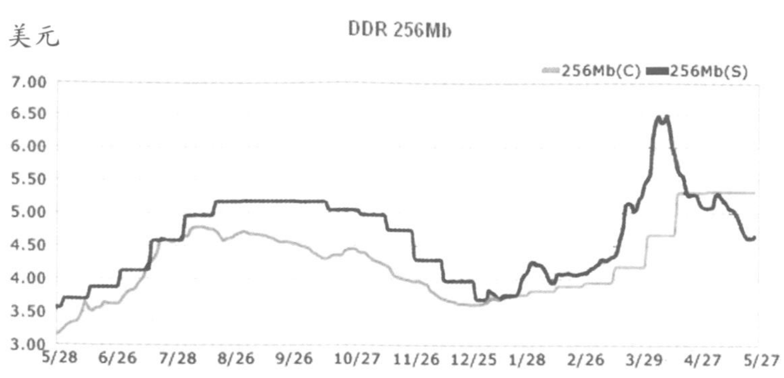

否出現爆發力，則須視十二吋的華亞廠加入量產的時間而定。

雖然DRAM產業看來前程似錦，不過由於大廠競相導入〇．一一微米製程及十二吋廠，以南科華亞廠為例，一旦華亞廠順利開出，全球DRAM至少會多出七％的產量，再加上其他大廠的競相生產，供過於求的老問題還是會再出現。而且DRAM的應用面要比面板狹隘，並不具備長期主流的條件（參閱圖7.3）。

電子業難脫景氣循環

九十三年的電子主流雖然在面板及DRAM類股，其中又以面板股本益比最低，最具明星相。不過電子產業已經傳統產業化，也是會面臨景氣循環的起

伏，所以儘管面板股九十三年的本益比極低，友達、奇美電的長期目標價都在百元以上，但不可不愼的是，這些景氣循環式的產業，一旦產能全面開出，市場供需開始出現失調之後，短線再強勢的電子產業都有走入歷史的可能。就像華邦電在民國八十九年股價可以漲到百元以上，卻在短短一年內跌到十元票面額以下；面板股的友達，九十年也曾大漲到六十元以上，不到一年的光陰也大跌至二十元以下。所以中長線的未來，還是要觀察市場的實際供需，掌握這些景氣循環式類股的市場脈動。

金融股開啓中長多行情

電子業過去十年享受了高速成長的榮景，但是隨著電子產品推陳出新，標準化的大量製造，市場競爭趨於白熱化。過去企業導向的市場區隔轉爲消費者主導，消費者變得愈來愈挑剔，產品的要求愈來愈高，價格卻要求愈來愈低，按鴻海董事長郭台銘的講法，電子產業已進入微利時代的宿命。「高科技」光環不再，電子大廠爲求生存開始「不務正業」，以鴻海爲例，鴻海從過去專注連接器、機殼及準系統產品，後來也生產主機板、代工PS2、手機、PHS及網路設備，幾乎可以說是一家電子雜貨店。所以電子股之於台

表7.4 本國銀行轉銷呆帳金額一覽表

單位：百萬元

期間/項目名稱	實際轉銷呆帳累計金額(A+B)	營業稅及存款準備率降低所增盈餘(A)	銀行以自身盈餘轉銷呆帳累計金額(B)	當年度銀行平均每月以自身盈餘轉銷呆帳之金額
88年1月至88年12月	140,176	20,686	119,490	9,958
89年1月至89年12月	163,501	38,344	125,157	10,430
90年1月至90年12月	256,891	34,195	222,696	18,558
91年1月至91年12月	413,853	26,822	387,031	32,253
92年1月至92年12月	236,848	20,183	216,665	18,055
93年1月至93年 3月	31,001	4,956	26,045	
合　計	1,242,270	145,186	1,097,084	

資料來源：財政部金融局

股的地位，開始受到前所未有的挑戰，因此除了面板、手機相機光學鏡頭等利基型產品仍具市場競爭力之外，其他電子股股價已難以出現過去飆漲的榮面，反而是金融股極有可能成爲九十三年以後的新明星類股族群。

台灣歷經亞洲金融風暴後，政府爲解決金融機構日益攀高的逾放，陸續以調降金融業營業稅、調降土增稅與推出金融重建基金等方案，直接間接補助金融業處理不良資產問題，並對逾放及資本適足率同步要求，以循序漸進的方式提升金融機構體質（參閱表7.4）。

民國八十八年調降金融業營業稅率三％，以每年三百億元之稅收補貼銀行打消呆帳，九十年通過金融重建基金一千四百億元，以直接

接管、全額賠付之保證，避免被接管金融機構出現擠兌問題。同年八月賠付三十六家經營不善的基層金融機構，九十一年七月整頓七家問題基層金融，加上賠付陽信商銀承受台南五信三十一．七億元後，金融重建基金僅剩四百多億元。

財政部其後再提出擴大金融重建基金為一．〇五兆元，但金額於立法院審議中一再遭到刪減。刪除購買金融機構不良資產與以特別股方式補足金融機構資本適足率的金額後，現僅剩彌補不具經營價值與處理淨值為負金融機構不良資產之用途，因此法案通過，對上市櫃金融股已無實質效益；但仍可救助一些搖搖欲墜的問題金融業，並降低整體金融業逾放數字，整體而言仍有利於金融改革與國內金融結構體質的轉佳。

走了十年長空的金融股在九十三年鹹魚翻身，利多題材不斷。除了是政府積極推動金融改革下的最大受益者，加上金融業提升自我競爭力競相轉型為金控公司，並戮力打消呆帳外，還更進一步進行金控間的相互整併以提高市場競爭力。台灣金融業過度競爭的問題可望有效化解，配合景氣復甦，金融業手中的不良債權開始從糞土變成黃金，對於金融業業績不無小補。而且民國八十九年以降，國內雖然歷經長期的不景氣與通貨緊縮，卻意外促成消費性金融市場抬頭，萬泰銀喬治瑪莉卡打響市場第一砲後，各家銀行所推出的現金卡都全面佔據消費者目光。

一線金控股因呆帳提列已進入尾聲，目前將陸續進入歡呼收割的時期，而政府協助二線金融股「自力救濟」，也讓二線金融股出現「轉機題材」，未來處理壞帳的速度肯定會更快。特別是在收益不斷增加、競爭者銳減與景氣逐步復甦的優勢客觀條件下，金融業可說是已開啓中長多行情。對於壓抑已久的金融股而言，金融股的初升段行情才正要開始。

與金融股相關的還有證券類股。過去券商主要是著重經紀業務，每每仰股市成交量鼻息爲主，可是經過金控公司的整併收編之後，現存的獨立證券商已寥寥可數，包括寶來證等獨立券商，目前均開始開發各式新金融商品，進行多角化經營，以降低經紀業務波動過大的衝擊。證券類股長線隨著台股成交量的擴大與金融市場的成熟，也是具有優勢的金融產業之一。

金控股的最佳女主角

台灣十四家金控公司在中信集團逐鹿開發金成功之後，未來金融版圖將形成三大家族及七大金控分庭抗禮的態勢（參閱附錄表7）。霖園蔡家、新光吳家及中信辜家三大家族旗下的國泰金、富邦金、新光金、台新金及中信金等，早已是台灣金控公司的一時之選。若以資產規模衡量，國泰金、兆豐金、第一金、華南金、富邦金、中信金及新光金等七大金控公司，是台灣資產規模逾一兆元的大型金控，政府若能引導民營金控合併公營行庫，未來幾年更有機會進一步整合為三大金控集團。

台灣大型金控陸續整併後，未來大型金控公司將以東南亞及中國大陸為發展重心。尤其是台商群聚的中國大陸，已有華南金、霖園集團、中信金及第一金旗下銀行進駐，隨著台商群聚大陸效應，人民幣融資需求可望隨之高升，為台商承作人民幣融資放款業務，將成為台灣大型金控集團新的揮灑空間與重要獲利來源。

在國內業務方面，國泰金、新光金及中壽等多家以壽險公司為主體者，雖然因市場利率處於歷史低檔，因此目前營運仍持續飽受利差損的侵蝕，但是因為低利率及景氣復甦造就了股市大多頭行情，對於可運用資金部位龐大的壽險業者來說，又是一個彌補虧損及創造營運績效的重要戰場。以中壽為例，九十三年第一季的資本利得部分就超過十二億元，投資績效十分傲人。再看台新金控，旗下台新銀行營運表現相當突出，全年每股稅後純益可望順利挑戰三元，證券子公司台証證券也是名列券商前矛，均衡的業績來源，讓台新金成爲未來最有爆發力的金控股之一。

中國宏觀調控的真正影響

中國國務院總理溫家寶爲避免通貨膨脹的壓力持續上升，以適度壓抑經濟過熱的態勢，於二〇〇四年四月再次宣布新的宏觀調控政策，決定緊縮中國銀行在內的三家銀行放款額度，禁止鋼鐵、電解鋁與水泥工業的新項目開工許可。在「溫氏效應」下，台股及其他亞太股市聞訊不支倒地，一週市值損失逾兆元。中國宏觀調控這個問題，「眞的有那麼嚴重嗎？」

回顧一九九三年中國祭出宏觀調控的背景，主要是中國通貨膨脹率高達二〇％，一九九三年至九五年間，短短兩年共調高指標利率高達三百四十二個基本點之多，而且還以直接干預限制貸款，並提出一連串資本利得稅及價格限制措施，調控的手段可說是相當猛烈。有了前一次的宏觀調控經驗之後，中國這一次的宏觀調控明顯趨於緩和且循序漸進（參閱附錄表8）。中國大陸二〇〇四年通貨膨脹率僅三・五％，所以溫家寶特別提及這一次的最高指導原則是「不急剎車」，「不一刀切」，「鬆緊適度」，只針對鋼鐵、水泥及電

解鋁等三大過熱行業，而不作全面性產業的打壓。二○○三年開始，先由中國央行以道德勸說的方式，限制對不動產貸款，警告銀行貸款給過度投資產業，並對商業銀行貸款內容進行稽查，同時針對鋼鐵、水泥、電鍍鋁等三大產業限制貸款。不動產業方面，則提出限制對高級住宅之建設開發、貸款金額不超過總投資的七○%等措施；利率政策方面，也分別於二○○三年九月及二○○四年四月，兩度調高存款準備率（參閱附錄表9）。

中國一連串的經濟降溫策略，主要還是不希望剛起飛的中國經濟就此泡沫化，特別是中國二○○四年第一季經濟成長率就高達九．七%（預定的成長率不過七%），經濟成長明顯過熱。中國每年平均國民所得只有一千美元，民間消費尚不足以支撐經濟大幅成長，國內生產毛額的成長絕大多數還是藉由政府支出、出口與企業投資等三方力拱，如果不能防範於未然，很容易步上一九九七年亞洲金融風暴的後塵。中國經濟一旦失速，不僅中國過去改革開放的經濟建設成長將因此而毀於一旦，對於仰賴中國甚深的全球經濟體，更是一場萬劫不復的歷史災難，所以短期內看起來，中共緊縮經濟成長動能的態度，可能會壓抑景氣的發展，但短暫冷卻之後，中國經濟將有機會朝軟著陸的方式前進，反而能讓大陸的經濟走出更穩更長遠的步伐，有利於整個大中華經濟圈的後續成長。

張松允精選投資組合

台灣民國九十二年內外產業皆熱，台股面對的又是一個千載難逢的大多頭景氣回升，九十四年萬點行情可期，各類股都有大顯身手的機會，只是冷熱程度各有不同。由於台股的萬點行情是建築在內需產業的勃發所牽動，因此內需族群股價漲升潛力將優於外銷族群，其中又以籌碼最安定、題材豐富的金融及營建類股爲首選。

至於萬衆矚目的電子股，因爲基期相對偏高，產業逐步趨向傳統及微利化，雖然面板、手機數位相機鏡頭等類股業績前景不弱，不過因股價已經位居相對高檔，未來漲幅恐將不如金融及營建類股。經過產業前景、獲利潛質及本益比評估的交叉篩選，台新金、國泰金、新光金、宏盛及國揚等五檔個股，是我個人推薦最佳的長線精選投資組合。

台新金

台新金旗下包括銀行、證券、票券與台新行銷、台新資產管理等子公司，主要還是以台新銀爲獲利主體。台新銀以消費金融見長，包括房貸、車貸、保代及信用卡等均居市場領先地位，台新銀現在已經是台灣第二大信用卡及現金卡發卡銀行，兩大業務量僅次於中信銀與萬泰銀，而且因爲這些高收益貸款（包括現金卡、二胎房貸、汽車貸款、小額信貸）佔總放款額之比重高達三二%，台新銀利差不降反升，獲利前景看俏。

放款品質方面，台新銀除了在民國九十年時因合併大安銀而承受不良資產，使得逾放比上升至五・四%外，其餘年度之逾放比皆控制在三%以下，九十一年打銷兩百一十億元不良資產，年底帳面逾放比降至二・四五%，加計應予觀察放款後，廣義逾放比約三・〇三%；九十三年第一季之廣義逾放比僅一・五%（帳面逾放比一・三四%、應予觀察放款〇・一六%），放款品質頗佳。台新金目前已區分爲法金、個金及財富管理三大事業群，未來業務將集中在加強應收帳款催收、聯貸與承銷業務，新一代信用卡與現金卡等高收益消費性貸款業務之推展，擴大經紀市佔率與財富管理業務的發展，九十三年全年獲利可望突破百億元，每股稅後純益近三元。

國泰金

國泰金控旗下包括國泰人壽、國泰世華銀行、國泰產險等子公司，其中獲利主體有高達五成以上是來自於國內最大壽險公司——國泰人壽，國泰人壽九十三年第一季總保費收入六百四十八億元，預估全年保費總收入可逾兩千八百億元。此外，由於受惠於資本市場回春，國壽投資收益率由九十二年五・○九％回升至九十三年第一季的六・三七％，是國壽與金控獲利大幅提升的主要動力來源。

國泰世華銀行九十三年第一季放款餘額增加兩百三十六億元，信用卡發卡三百萬張，市佔率排名國內第三，營運成長相當快速。第一季底廣義逾放比已降至二・三五％，國泰金為補強金控業務，將出資三十五億元成立國泰證券，以證券投資整合消費理財與私人銀行業務，國泰金版圖及體質可望因此而擴大強化，成為國內極具競爭力的金控公司之一。

新光金

新光金控結構相形單純，旗下子公司僅新光人壽、新壽證券以及新壽保經，主要還是以新壽為獲利主體。新壽在產品結構上，利率變動型保單佔五○％，傳統型佔四五％，投資型則佔五％，由於壽險業利差損侵蝕獲利問題仍在，未來隨著美國聯準會調高利率，利差損的問題可望獲得改善，預估九十三年總保費收入一千三百五十億元。

新壽可運用資金高達七千三百億元之多，未來將降低銀行定存投資，轉而提高國內外投資比重，而且爲了補強金控體質，新光金還成立新昕投信，並持有新產逾九％，爲了進一步取得主導權，新壽計劃將對新產的持股比例大舉提升至二五％。其次亦以股份轉換方式以新光金股權換取聯信銀行，擴大新光金業務範圍至信託等全方位金融理財服務領域。

萬泰銀董事長許勝發與新光金董事長吳東進爲翁婿關係，吳東進掌上明珠吳欣盈又是萬泰銀董事，在內舉不避親的聯想下，萬泰銀及新光金的合併被視爲是水到渠成的事。不過礙於許勝發的態度低調，能否順利合併仍有變數。但因新光金已正式納入MSCI新成份股，外資持股水準只有二％，未來還有大幅加碼的空間，漲聲題材仍源源不絕。

宏盛

宏盛主要推案均以台北市住宅爲主，九十三年六月將推出北投行義路段的小坪數套房，總銷金額十六億元，八月將推出士林福智路的中坪數住宅，總銷金額亦爲十六億元，但眞正讓宏盛一炮而紅的是地處仁愛路及建國南路的「宏盛帝寶」。五千六百坪的超大基地豪宅，可售戶數一百六十八戶，每坪平均售價九十萬元，坪數規劃高達一百二十至兩百五十坪，預計總銷金額逾兩百五十億元，淨利率高達二五％，預估民國九十四年第二季可完工，是台北市的指標性推案。雖然過去豪宅市場因景氣低迷而乏人問津，但隨著國內景氣好轉，內需強勁復甦，只要台股站穩七千點大關，宏盛未來業績的爆發力將不容小覷。

國揚

營建梟雄侯西峰的國揚於民國八十八年發生財務危機後，近五年來本業雖仍呈現虧損，但近年來積極降低負債，公司財務結構日趨改善，未來營運極具轉機材。國揚的重生計劃，先是辦理私募現增三億股，共計十二億七千兩百萬元，再辦理減資，每千股減資四百八十股，再私募現增三億股，九十三年底股本將減爲三十一・二億元，九十三年每股淨值可由四・七元回升至近九元，負債總額也由兩百億元減少至三十五億元。

除了財務重整之外，國揚近年仍積極在北高等都會區推出新建案，包括天情、天悅、天母案、八里案、信義案、新中和案及高雄新田案等，在建中及規劃中之推案總量達兩百一十三億元，九十四年可望正式轉虧爲盈。只要台股站穩七千點大關，侯西峰東山再起，國揚未來絕對是營建內需族群中的超級大黑馬

〈貼近張松允〉

冷靜、果敢的投機客

轟動武林、驚動萬教，素有國內證券期貨界「藏鏡人」之稱的張松允，他的致富傳奇故事早已在業界廣為流傳，他的操盤技巧與心法，更是投資界千方挖尋的「寶典」，只是過去神祕低調的他，讓市場難以一窺其盧山眞面目。如今張松允選擇「現身江湖」，將十數年來的投資祕技與心法公諸於世，除了是對自己人生的一個重要紀錄外，更是分享飽受虧損之苦的廣大散戶們一個正確的投資態度，鼓勵所有的投資大衆加快賺錢的速度，減低賠錢的速度，為自己第一個億元人生圓夢。

沈著、穩健的張松允，親身接觸後並沒有許多有錢人那股高不可攀的「習氣」，眼神炯炯的他，總是永遠充滿熱情、耐性，散發成年男子的那股自信與活力，或許也是從貧苦中起家，他知道這是窮人翻身的最好方法，也是自己工夫與經驗的展現，所以對於現在高達十億元以上的身價與財富，張松允總多了那麼一份謙卑與珍惜的態度。

「戲法人人會變，各有巧妙不同」，市面上關於投資理財的書千千百百種，爲什麼許多投資人讀了這麼多還是賺不到錢？最大的癥結所在，還是沒有具體而紮實的操作技巧，以及優異的心理素質。張松允的操作技巧，沒有經濟分析師天花亂墜的數字比較，也沒有技術派行家的「天羅地網」，個中精義，不外乎「順勢操作，多空皆宜，資金控管，克服心魔」這四個原則。

張松允把這四個至高無上的法則，化爲了投資人生活經驗體現，不僅簡單明瞭，更直接切中要領。順勢操作，就好比搭車前往目的地，方向要對，路才走的下去，如果坐錯車，就趕快換一班正確的車子。多空皆宜，就是不預設立場，該多就多，該空就空，永遠只順著市場給的方向。

資金控管，是老祖宗所流傳「留得靑山在，不怕沒柴燒」的道理，投資任何商品，永遠要留餘力，不要過滿，以應付各種突發性的意外。克服心魔，則是不隨市場起舞，在市場瘋狂追進時，從容退場，在市場恐慌追殺時，冷靜布局，享受一次又一次的勝利果實。

張松允的沉著與冷靜，主要是來自於《易經》中「不易」、「簡易」及「變易」的哲學，每每閒瑕之餘，張松允總會拿起易經，反覆咀嚼個中奧妙的眞諦，在《易經》的哲學中，宇宙萬事萬物隨時隨地都在變化，沒有不變的道理，唯有不易之易，才是永恆不變的，而且用最簡單的道理來觀察天地自然的現象，才能發揮其變化與運用。

張松允可以說是一個天生的投資人，也是一個標準的「投機客」與「投資客」。與生俱來的敏銳數字神經，讓張松允對與市場脈動完全貼近，幾乎沒有隔閡，無時無刻總是懷抱著看盤操盤的熱情。說他「投機」，則是張松允永遠只向機會靠攏，從不抽命運之牌的他，掌握一次又一次的難得機會，創造了今日傲人的投資成就，雖不敢說是後無來者，但也應可算是前無古人。

正因如此，無論市場是多是空，遭遇何種衝擊，在張松允的內心似乎都激不起太大的漣漪，張松允永遠是嚴守紀律、想好策略、做好資金控管，然後領軍作戰，台股千百場的大小戰役都是如此，從不例外，即使一時挫敗，也從不氣餒，後面的退路與策略早已了然於胸。

在資本市場上殺氣騰騰，異常冷酷的張松允，收完盤，關了機，與一般和藹的長者無他，依然保持著一顆赤子之心，他最喜歡看的電視，不是「俗擱有力」的台灣霹靂火，也不是無病呻吟，只會互指對錯而無自省能力的談話性節目，在張松允眼中，Discovery頻道的知性與感性，才是眞正具有價值，可淨化人心，增長知識，拓展台灣人視野的最佳選擇。

身價已逾十億元的張松允，財富對他而言已如浮雲，他的想法，已經從一個專業投資人轉化爲專業管理者與社會責任者。希望盡一己之力，培養更多的新血，將這一套獨門的操盤絕學傳授給更多的年輕人，未來更期盼能建立一個具有相同目標和願景的團隊，大家共同腦力激盪，用投資實績來贏得更多的肯定，也幫助投資人，走出正確的投資之路，眞正爲自己累積財富。

九十三年六月，是張松允一個重要的人生轉折，爲了實現夢想，他將從知遇多年的老東家元京期經，跳槽到富邦期貨，這個巨大的轉變，不是業界挖角的惡習結果，而是他人生舞台的延伸，對張松允而言，「股票市場有多有空，更何況是職場上的聚散離合？」「未來的路該如何走，堅持自已的路就對了！」，張松允如是說……

馮志源

中興法商（現台北大學）法律系、政大風險管理與保險研究所畢業；曾任中國時報經濟組記者，現任匯豐中華襄理。擁有考試院財產保險經紀人執照、證劵商高級業務員資格、期貨商業務員資格、投信投顧業務員資格。著作：《台指期貨入門學習地圖》（早安財經出版）。

〈貼近張松允〉天生的股市贏家

即便是報導財金領域的最新消息已有多年經驗，但在時報出版的陳旭華主編邀約志源兄與我共同採訪張松允董事長之時，內心的惶恐與緊張連自己都嚇了一跳，理由之一是張松允董事長太神祕，神祕到我們連「做功課」這種記者的基本功夫都不知該從何做起；理由之二則是坊間對張董的報導幾近於零，這幾年在元京證券集團「刻意保護」之下，外界只知道張董就等於是操盤大師的代名詞，但其餘的部分呢？坦白說，我們知道的絕對不比讀者多到哪去！

就是因爲張松允夠神祕、夠低調，市場上對張松允操作手法的傳聞描繪得近乎神蹟一般，諸如像「投機大師」、「當沖王」、「冷血殺手」等稱號，把他形容得和神沒有兩樣；少數聽過張松允演講的投資人，簡直把他的進出策略捧爲至寶；而張松允手下的營業員，更是以「掌握張松允最新進出動態」自豪，因爲若是能跟到張松允的單，當然就是可靠的獲利保證。

經過數月的努力，我們總算與張松允敲定面對面訪談的機會，自九十三年二月底起，我們每週二下午收盤後都會擠進張於南京東路元京證券總部的辦公室，聽他暢談這十餘年來的投資心得。張松允一點都不像外界認爲的「神祕」，或許更具體一點說，他的「腳踏實地」反而比神祕更令我們採訪小組印象深刻。

實際與張松允面對面訪談後，發現他一點也不像「傳說中」那樣高不可攀，如果拿他與坊間的投顧老師相比，張松允恐怕還更多了點平易近人的氣質。他沉著、穩健，講話客客氣氣，永遠充滿熱情，而不論賺錢賠錢，眼神就是充滿自信。最特別的地方是，他的言談舉止散發一股極爲積極的生命力，不論當天盤操的好壞，他也喜怒不形於色，「我是人，不是神，只要是人就有可能賠錢，但若眞是賠錢，就更要冷靜，因爲我要找機會賺回來，」張松允如是說。

無論遭遇何種市場衝擊，是利多還是多空，張松允永遠是嚴守風險、想好策略、做好資金控管，然後全面性的同方向操作，台股的千百場大小戰役都是如此，從不例外。「講白了，這種道理人人都知道，但眞正做到的人恐怕不多；唯有做好風險與資金控管的投資人才有機會成爲股市贏家，」張松允不怕別人說他「臭屁」，因爲他恨不得散戶投資人能從他的操作哲學中學到賺錢的經驗。

不論是利多利空，在張松允的內心似乎都激不起太大的漣漪，反而是當市場出現全面利多

的時候，還會展現更冷靜的態度，思考是否該轉頭作空；而當市場一片低迷、信心全面潰敗的時候，他也會反向思考，觀察指標股是否會逆勢上揚而帶動大盤上攻，「我心中沒有任何立場，到底大盤是強是弱，股價就反映了一切，而我就緊緊跟隨大盤及指標股操作即可。」

要問張松允的「操作祕訣」，恐怕冷靜、永遠順勢操作，才是他操盤最關鍵的祕訣。舉例來說，轟動一時的國安基金曾於八九年十月底十一月初大舉進場護盤，當時台股指數約爲五千五百點上下，國安基金一進場，大盤就被軋到六千點以上，這讓從八十九年四月起就開始作空的張松允，只有暫時認賠出場。張松允說，做錯就該休息一會，調整一下節奏感，等到下一次好時機再介入，「賺錢的機會實在很多，就看你如何掌握。」

果然在國安基金違背市場法則的盲目拉抬下，八十九年十一月初，台期指出現一百餘點的正價差，到了結倉前一天，正價差更多達兩百點之多，張松允回憶，他已經出場將近半個月，看到大盤與期貨如此不合理的波動走勢，當然是進場放空台期指，只要是結算當天大盤以平盤開出，放空的期指合約就現賺兩百點，「政府給你現成的賺錢機會，你不偷不搶，何樂不爲？」

只是沒想到，結算當天大盤幾乎是以跌停價開出，大跌兩百餘點，如果合計原本就有兩百多點的正價差，等於是每一口放空的台指就現賺五百點。張松允說，這就顯示當初被國安基金軋空，選擇暫時出場絕對是一件明智之舉，若是當時堅持與國安基金「對作」，那麼肯定是顧此失彼，說不定還反手跟著作多，肯定是無法享受每口大賺五百點的超額獲利。

該空則空，但是遇到要作多的時候，張松允也不會客氣，「還記得九十年立委選舉之前，大盤一直呈現低迷走勢，但在民進黨與台聯確定拿下近半數國會席次後，大盤就發飆上攻，而且期指的逆價差也迅速轉爲正價差，這當然是強力的作多訊號。於是大盤從四千五百點一路飆升，直到隔年四月的六千四百八十四點，我都有賺到，可見順勢操作所創造的利潤是如此迷人。」

與其稱呼張松允是個股市贏家，倒不如更具體的說，他天生就是要靠股票吃飯的。講到社會脈動、國際局勢，或是國內政經情勢，張松允的反應可能有限，但要是提到這些議題和股票市場的關連，張松允就是可以給你一套完整且全面性的觀點，而且講來頭頭是道，不但未來的多空看法明確至極，就連要是看錯的「退路」，張松允也早已了然於胸。「操作股票沒有別的技巧，就是先把策略想清楚，然後照表操課即可。」

才三十七歲就累積十億元以上的財富，張松允著實爲台灣七百萬股票大軍上了一課，誠摯的盼望所有讀者都能透過本書，重新調整自己的操作態度，在股市獲利，開創更美好的人生。

蔡沛恆

政大會計系畢業，先後在經濟日報、工商時報擔任記者，主跑金融證券與財金部會新聞，具備會計、證券、保險、期貨等領域專業證照與經驗，現任中國時報記者。

〈附錄〉

一、期貨名詞解釋

逆價差交易（back spreading）：同時買進遠月契約並賣出近月契約的交易行為。

對作（bucket）：客戶下單後，期貨經紀商接受交易委託但未至期貨交易所進行交易，而直接或間接私自承受該委託。

持有成本（carrying charges）：持有實物商品一段時間所必須支付的成本，包括管理費、倉儲費、保險費、利息費用等。

炒單（churning）：期貨商或業務員為追求業績賺取手續費，建議客戶或未經客戶同意而以客戶名義多做不應該或不需要的期貨交易。此種過度不當之操作對客戶毫無利益，期貨商或業務員卻可多賺取佣金。

結算會員公司（Clearing Member）：取得交易所結算會員資格之公司，負責為本身及非結算會員公司從事期貨結算工作，例如元大京華期貨、寶來期貨、元富期貨。

壟斷操作市場（corner）：為有效控制商品價格而囤積過量的交易月份契約，此處所稱的過量係指持有的契約超過可供交割的商品現貨數量。

即期交割月份（current delivery month）：最接近到期日的期貨契約，也稱現貨月份（spot month）。

當日沖銷（day trade）：在當日建立新的期貨部位，復於當日收盤前沖銷持有部位結算差價之交易方式。

遠期期貨契約（deferred futures）：較現貨月份晚到期的期貨契約，亦稱爲遠月交割（deferred deliveries）或遠月契約（deferred contracts）。

交割月份（delivery month）：期貨契約中所指明的特定月份，只有在這個月份的某段時期，期貨契約的賣方才能提出履約交割現貨的要求。

交割通知書（Delivery Notice）：賣方於契約到期月份要求現貨交割所發出的書面通知。准許實物交割的期貨契約才會有此項通知書。

指標契約（dominant futures）：期貨契約中未平倉契約最多的月份，該月份的契約即成爲指標契約，通常也就是即期交易合約。

雙重交易（Dual Trading）：期貨商或場內經紀人在執行客戶委託時，同時也趁機爲本身利益進行下單交易。譬如期貨商或場內經紀人接受客戶委託後，卻先行爲自己帳戶執行交易，或成交後，將獲利較高的成交單分配給自己帳戶。

期貨轉現貨交易（exchange for physical，簡稱EEP）：兩個交易者同時以等量的現貨與期貨契約相互交易，其成交紀錄必須呈報交易所。

快市（fast market）：採取人工喊價之交易所，當買單或賣單突然大量湧入交易所，造成成交價位變化太大或成交回報速度緩慢的現象。當交易狀況屬於快市，可能發生穿價不成交甚至造成錯價。在交易所宣布快市之時段，場內交易員對穿價不成交或錯誤之成交價均不負責任，且結算會員或期貨商亦無連帶責任。

逆價市場（inverted market）：因爲現貨市場的需求遠大於供給而造成現貨價格暴漲，遠高於近月期貨契約的價格而形成正基差的市場型態。

槓桿保證金契約（leverage contract）：指當事人間約定，一方支付總價金某一成數款項或取得他方授與之信用額度，而於未來特定期間內，依約定方式結算差價或交付約定物之契約，譬如外匯保證金交易。

契約持續期間（life of contract）：期貨契約都有他的生命期，也就是契約自開始交易到最後交易日這段交易期間，稱爲該期貨契約的持續期間。

部位交易（position trade）：將買進部位或賣出部位持有一段時間以期獲利的交易策略。

換月交易（switching）：在期貨市場中，將不同月份契約同時一買一賣或一賣一買的方式而把近月契約轉爲遠月契約繼續持有，此種換月持有的方式稱爲換月交易或轉倉。

二、關於外資

MSCI將台股納入旗下編制指數時，均透過一個重要調整參數LIF（可投資性限制調整因子），將有外資管制的市場於納入指數計算時加以下修，以反映市場當局對外資的箝制程度。台股過去因為政府管制過多，外資投資限制也多，台股的可投資性限制調整因子為〇．五五，也就是說，外資如果欲布局一百億元，經過可投資性限制調整因子調整折了五五折之後，最後只會有五十五億元的資金，這也就是政府為了加速外資投資，近年陸續鬆綁各項投資限制，以爭取MSCI將可投資性限制調整因子解除，讓更多的外資資金流入台股，以營造多頭行情。

外資種類

外資體系可分為外資券商、海外資產管理公司及外資自營部三大類，主要又分為買方（Buy side）和推薦方（Sell side）。買方是指真正握有實質大筆資金的海外資產管理公司，推薦方則是大家所熟知外資券商，外資券商的工作就是向這些海外資產公司「推薦」股票，可是實際執行買賣動作的，卻是海外資產管理公司。

買方外資的種類大致可分為退休基金（Pension fund）、共同基金（Mutual fund）及對沖基金

（Hedge fund）三類。退休基金追求長期穩健報酬，擁有相當可觀的資金規模，但特性是換股不頻繁，不會短進短出，買了之後就作長期投資，籌碼最爲穩定；共同基金種類較多，主要以打敗市場指標爲主要目的，追求相對報酬，以投資大型權值股爲主，依類型區分又可細分爲全球型、區域型及單一市場型；對沖基金則是當中最「搞怪」的，因爲爲了追求絕對報酬，進出頻繁，追漲殺跌，常使市場行情出現劇烈波動，目前國內雖然沒有開放對沖基金，但對沖基金早已悄然進場，隱身在外資身後「上下其手」。

眞假外資

由於外資結構的大幅轉變，近幾年已開始出現所謂的「假外資」。假外資的出現，主要是部分公司派爲營造外資買超的利多，與部分外資券商達成利益交換，公司派想要買進自家股票，實際上卻透過某家外資券商進出，在外資進出表中出現外資買進的假象，這種稱之爲「換單」。不過要辨別眞假外資也不難，從個股的本質即可略知一二，眞正的外資因爲流動性的考量，不會買進小型股、冷門股或轉機股，一定是買進大型權值股，因此投資人在外資進出中若見到某一檔小型股，九九%以上都是假外資的「傑作」。

外資報告判讀

外資報告的評等方式，一般而言，大致可分爲五分法及三分法。前者主要評等分爲買進（buy）、短線買進（trading buy）、持有（hold）、短線賣出（trading sell）及賣出（sell），後者則主要分爲加碼（overweight）、中立（neutral）及減碼（underweight）。外資和中國人一樣，也會大玩文字遊戲，如果一檔個股，從買進評等突然降爲持有時，其實這就是在暗示客戶，這家公司基本面可能已經出現巨大的轉變，要小心後市，甚至可以賣出持股了。

外資買賣意義不必過度渲染

外資過去戰績輝煌，很多投資人都會去研究外資買賣超的個股，可是外資佔台股的成交比重僅佔二成，加上外資種類衆多，各方外資看法也會有異，外資現在買超賣超的意義其實並沒有這麼大。主要還是看海外基金規模的大小而定，遇有新基金募集，就有新的資金進場，按MSCI等國際指數的配置布局，所以外資有時大買，只是爲了跟上MSCI等國際指數的配置，無關看好後市。賣超台股的時候，有時則是因爲海外基金贖回潮，或是對沖基金大行套利交易所造成，同樣也無關看壞台股後市。

外資結構分類一覽表

結構	意義	分類	資金規模	特性
買方	握有實質大筆資金的海外資產管理公司	退休基金	數百億～數千億美元	追求穩健報酬，長期投資，不隨意進出，資金規模相當龐大。
		共同基金	數千萬～數十億美元	追求相對報酬，主要以市場指標指數及成份股爲主，細分種類還可分爲全球型、區域型及新興市場型共同基金。
		對沖基金	2~5 億美元	追求絕對報酬，追高殺低，短進短出，經常造成市場劇幅波動。
推薦方	外資券商	歐系或美系券商	—	提供外資報告推薦個股或總體經濟分析

2003 年全球證券市場研究團隊與業務銷售排名一覽表

公司名稱	全球研究團隊排名	業務銷售排名
瑞銀證券	1	1
美林證券	2	2
摩根士丹利證券	3	3
德意志銀行證券	4	6
花旗環球證券	5	5
瑞士信貸證券	6	4
摩根大通證券	7	8
高盛證券	8	9
雷曼兄弟證券	9	未發表
伯恩史坦證券	10	未發表

資料來源： Institutional Investor

三、參考表格

表 1　台灣上市上櫃公司發行概況一覽表

單位：新台幣十億元

	上市公司				上櫃公司			
年	家數	資本額	成長率(%)	上市市值	家數	資本額	成長率(%)	上櫃市值
1994	313	1,099.81	21.08	6,504.37	14	9.79	147.22	26.92
1995	347	1,346.68	22.45	5,108.44	41	173.01	1,667.21	245.73
1996	382	1,661.27	23.36	7,528.85	79	264.13	52.67	833.46
1997	404	2,106.29	26.79	9,696.11	114	314.89	19.22	1,026.86
1998	437	2,734.07	29.81	8,392.61	176	381.39	21.12	887.63
1999	462	3,083.02	12.76	11,803.52	264	513.76	34.71	1,468.44
2000	531	3,661.36	18.75	8,191.47	300	677.19	31.81	1,050.59
2001	584	4,096.43	11.88	10,247.60	333	681.44	0.63	1,412.19
2002	638	4,444.02	8.49	9,094.94	384	627.30	-7.95	862.25
2003	669	4,725.28	6.33	12,869.10	423	639.47	1.94	1,200.78
2004	668	4,725.59	-	13,426.53	463	683.28	1.28	1,512.79
Jan.	670	4,721.61	-0.08	13,910.35	427	649.41	1.55	1,403.33
Feb.	670	4,735.66	0.30	14,759.64	436	654.64	0.81	1,532.68
Mar.	671	4,733.93	-0.04	14,283.42	453	674.62	3.05	1,585.28
Apr.	668	4,725.59	-0.18	13,426.53	463	683.28	1.28	1,512.79

表2　全球面板產能概況一覽表

單位：萬片

公司	3代	3.5代	4代	4.5代	5代	5代擴充		6代	7代
	550*650	600*720	680*880	730*920	1100*1250	2003H2	2004	1500*1800	1800*2100
三星	40	75	0	70	60	50	50	2005年	
LG	80	0	0	0	70	20	20	2004年	
友達	0	125	50	0	15	30	30	2005年	
奇美	75	50	50	0	0	10	30	2005年	
彩晶	100	0	0	0	0	0	40	N/A	
華映	35	0	60	60	0	0	0	2006年	
廣輝	0	50	0	0	10	20	20	N/A	
TMD	60	0	0	55	0	0	0		
鳥取三洋	36	0	54	0	0	0	0		
Sharp	0	0	150	0	0	0	0	2004年	2006年
廣電NEC	0	0	0	0	0	0	0		
合計	426	300	364	185	155	130	190		

表3　世界原油產量表

	2002	2004	2003	2004 第四季	2004 第一季	2004 第二季	2004 第三季	2004 第四季	2004 1月	2004 2月	2004 3月
石油輸出國組織(OPEC)											
沙烏地阿拉伯	7.38	8.48		8.24	8.21				8.25	8.25	8.15
伊朗	3.40	3.78		3.953.92					3.95	3.85	3.95
伊拉克	2.01	1.33		1.82	2.12				2.04	1.89	2.40
阿拉伯聯合大公國	1.99	2.29		2.26	2.30				2.28	2.32	2.29
科威特	1.60	1.87		1.97	1.95				1.95	1.95	1.95
Neutral zone	0.54	0.61		0.61	0.60				0.61	0.60	0.60
卡達	0.64	0.74		0.74	0.75				0.75	0.75	0.76
奈及利亞	1.97	2.15		2.28	2.33				2.35	2.32	2.33
利比亞	1.32	1.42		1.45	1.47				1.47	1.48	1.48
阿爾及利亞	0.85	1.11		1.15	1.14				1.13	1.13	1.15
委內瑞拉	2.29	2.01		2.21	2.19				2.18	2.20	2.18
印尼	1.11	1.01		1.00	0.98				0.98	0.99	0.97
OPEC總產量	28.55	30.46		31.65	31.97				31.92	31.73	32.24
非 OPEC 成員國經濟合作暨發展組織 (OPEC)											
北美	14.50	14.70	14.86	14.85	14.85	14.79	14.81	14.98	14.84	14.95	14.77
美國	8.06	7.91	8.00	7.89	7.94	8.01	8.00	8.07	7.92	8.01	7.90
墨西哥	3.59	3.79	3.79	3.84	3.82	3.80	3.76	3.77	3.85	3.79	3.83
加拿大	2.86	3.00	3.07	3.12	3.09	2.98	3.05	3.14	3.07	3.14	3.05
歐洲	6.61	6.35	6.24	6.44	6.42	6.23	6.04	6.25	6.45	6.41	6.39
英國	2.50	2.29	2.18	2.26	2.24	2.16	2.13	2.20	2.26	2.21	2.26
挪威	3.33	3.26	3.24	3.37	3.36	3.25	3.09	3.25	3.38	3.39	3.32
其他	0.78	0.80	0.81	0.82	0.81	0.82	0.82	0.81	0.81	0.81	0.81
大洋洲	1.76	0.65	0.60	0.59	0.61	0.59	0.60	0.61	0.62	0.60	0.60
澳洲	0.71	0.61	0.56	0.55	0.56	0.55	0.56	0.57	0.58	0.56	0.56

其他	0.05	0.05	0.04	0.04	0.04	0.04	0.04	0.04	0.04	0.04	0.04
OECD 總產量	21.88	21.70	21.70	21.88	21.45	21.61	21.45	21.85	21.90	21.96	21.76
非 (OPEC) 成員國											
前蘇聯各國	9.37	10.31	11.03	10.74	10.85	10.94	11.10	11.24	10.78	10.85	10.92
俄羅斯	7.66	8.49	9.09	8.82	8.94	9.01	9.16	9.26	8.89	8.93	8.99
其他	1.71	1.83	1.94	1.92	1.92	1.93	1.94	1.98	1.90	1.92	1.93
亞洲	5.89	6.00	6.14	6.05	6.16	6.14	6.12	6.15	6.15	6.20	6.13
中國	3.39	3.41	3.42	3.41	3.44	3.42	3.41	3.41	3.42	3.47	3.43
馬來西亞	0.79	0.83	0.86	0.85	0.87	0.87	0.86	0.85	0.87	0.87	0.87
印度	0.78	0.79	0.80	0.82	0.82	0.81	0.80	0.79	0.82	0.82	0.81
其他	0.94	0.97	1.06	0.97	1.03	1.05	1.06	1.10	1.04	1.04	1.02
歐洲	0.18	0.17q	0.17q	0.17	0.17	0.17	0.17	0.17	0.17	0.17	0.17
拉丁美洲	3.90	3.93	4.01	4.00	3.92	3.97	4.01	4.14	3.92	3.88	3.96
巴西	1.72	1.77	1.81	1.76	1.74	1.77	1.80	1.92	1.74	1.68	1.79
阿根廷	0.80	0.78	0.75	0.77	0.75	0.75	0.75	0.75	0.75	0.76	0.76
哥倫比亞	0.59	0.55	0.52	0.54	0.53	0.53	0.52	0.52	0.53	0.53	0.53
厄瓜多	0.40	0.43	0.53	0.53	0.51	0.53	0.55	0.55	0.51	0.52	0.50
其他	0.39	0.40	0.40	0.40	0.39	0.39	0.39	0.41	0.40	0.39	0.39
中東	2.10	1.99	1.91	1.98	1.95	1.92	1.88	1.88	1.95	1.95	1.94
阿曼	0.90	0.83	0.79	0.84	0.82	0.80	0.78	0.76	0.82	0.82	0.82
敘利亞	0.55	0.53	0.50	0.52	0.51	0.50	0.49	0.49	0.51	0.51	0.51
葉門	0.45	0.44	0.42	0.44	0.43	0.42	0.42	0.41	0.43	0.43	0.43
非洲	2.98	3.07	3.45	3.26	3.32	3.43	3.48	3.56	3.30	3.33	3.34
埃及	0.75	0.75	0.73	0.74	0.73	0.72	0.72	0.73	0.73	0.73	0.71
安哥拉	0.90	0.88	0.98	0.91	0.95	0.96	0.97	1.04	0.94	0.95	0.96
加彭	0.259	0.24	0.24	0.25	0.24	0.24	0.23	0.231	0.24	0.24	0.24
其他	1.01	1.20	1.51	1.36	1.14	1.51	1.56	1.56	1.38	1.41	1.43
非 OECD 成員國總產量	24.4	25.47	26.71	26.20	26.37	26.57	23.75	27.15	26.28	26.37	26.46
提煉增加	1.76	1.80	1.83	1.82	1.85	1.81	1.81	1.85	1.85	1.85	1.85
非 OPEC 成員國總產量	48.05	48.97	50.24	49.90	50.10	49.99	50.02	50.85	50.05	50.19	50.08
供給總量	76.60	79.43		81.55	82.07				81.95	81.92	82.32

資料來源：聯合國

表 4　台北股市投資人種類及投資金額比較分析表

年度	本國法人		僑外法人		本國自然人		外國自然人	
	金額	百分比％	金額	百分比％	金額	百分比％	金額	百分比％
1994	2,260.99	5.8	264.46	0.7	36,415.24	93.5	3.32	0.0
1995	1,378.31	6.7	283.99	1.4	18,940.02	91.9	2.61	0.0
1996	2,265.43	8.6	556.73	2.1	23,445.16	89.3	2.67	0.0
1997	5,694.86	7.6	1,289.02	1.7	68,428.21	90.7	10.85	0.0
1998	5,144.25	8.6	964.75	1.6	53,480.51	89.7	9.08	0.1
1999	5,520.49	9.4	1,420.11	2.4	52,043.18	88.2	8.11	0.0
2000	6,306.51	10.3	2,222.15	3.6	52,855.32	86.1	5.70	0.0
2001	3,569.42	9.7	2,168.80	5.9	31,081.51	84.4	2.94	0.0
2002	4,410.90	10.1	2,929.08	6.7	36,105.22	82.3	429.06	0.9
2003	4,714.32	11.5	3,856.24	9.4	31,885.66	77.8	509.35	1.3
2004	2,587.09	10.8	2,215.22	9.2	18,937.01	78.7	321.58	1.3
Jan.	427.18	11.6	425.79	11.5	2,779.47	75.3	59.99	1.6
Feb.	646.20	10.1	521.30	8.1	5,175.19	80.6	76.68	1.2
Mar.	842.32	11.2	753.25	10.0	5,850.77	77.5	102.35	1.3
Apr.	671.39	10.5	514.88	8.0	5,131.58	80.2	82.56	1.3

（註 1）1996 年三月起全面開放外國自然人在集中市場買賣有價證券；之前外國自然人僅可賣出其原始取得之有價證券。

（註 2）本表成交金額買賣分計，且拍賣、標購金額未列入統計。

資料來源：財政部證期會

表 5 摩根台指現貨成分股暨市值比重

排行	證券名稱		權值比重	排行	證券名稱		權值比重
1	台積電	2330	13.82	46	陽明	2609	0.5
2	聯電	2303	6.7	47	裕隆	2201	0.49
3	國泰金	2882	4.32	48	聯強	2347	0.48
4	鴻海	2317	4.25	49	中華	2204	0.48
5	友達	2409	3.83	50	技嘉	2376	0.47
6	南亞	1303	3.4	51	大立光	3008	0.46
7	中鋼	2002	3.31	52	瑞昱	2379	0.46
8	台塑	1301	2.63	53	台玻	1802	0.41
9	中信金	2891	2.59	54	正新	2105	0.37
10	開發金	2883	2.58	55	長榮	2603	0.36
11	兆豐金	2886	2.55	56	台泥	1101	0.33
12	聯發科	2454	2.51	57	亞泥	1102	0.32
13	華碩	2357	2.34	58	普立爾	2394	0.32
14	台化	1326	2.18	59	友訊	2332	0.31
15	廣達	2382	1.97	60	東元	1504	0.3
16	富邦金	2881	1.95	61	微星	2377	0.3
17	中華電	2412	1.75	62	合勤	2391	0.28
18	仁寶	2324	1.66	63	研華	2395	0.28
19	宏碁	2353	1.46	64	東聯	1710	0.25
20	第一金	2892	1.41	65	萬海	2615	0.24
21	明基	2352	1.31	66	金寶	2312	0.24
22	華南金	2880	1.17	67	福懋	1434	0.23
23	台新金	2887	1.16	68	國建	2501	0.23
24	華映	2475	1.14	69	飛瑞	2411	0.23
25	台灣大	3045	1.09	70	年興	1451	0.23

排行	證券名稱		權值比重	排行	證券名稱		權值比重
26	彰銀	2801	1.04	71	長榮航	2618	0.22
27	光寶科	2301	1.03	72	精碟	2396	0.22
28	日月光	2311	1.03	73	台苯	1310	0.21
29	華邦電	2344	0.96	74	精業	2343	0.21
30	中環	2323	0.95	75	智邦	2345	0.2
31	旺宏	2337	0.94	76	聲寶	1604	0.19
32	建華金	2890	0.86	77	華航	2610	0.18
33	大同	2371	0.82	78	華宇	2381	0.18
34	華新	1605	0.79	79	億豐	9915	0.17
35	統一	1216	0.73	80	華通	2313	0.16
36	台達電	2308	0.67	81	楠梓電	2316	0.16
37	國巨	2327	0.66	82	巨大	9921	0.15
38	矽品	2325	0.65	83	中保	9917	0.15
39	寶成	9904	0.62	84	中工	2515	0.14
40	錸德	2349	0.61	85	士電	1503	0.13
41	遠紡	1402	0.6	86	大陸	2526	0.12
42	北商銀	2808	0.6	87	長聯	1717	0.12
43	英業達	2356	0.55	88	精英	2331	0.12
44	威盛	2388	0.54	89	碧悠	2333	0.12
45	統一超	2912	0.53				

註：摩根國際資本管理公司於九十三年五月十一日新增亞光、奇美電、玉山金、復盛、力特、寶來、廣輝、新光金、雅新、燁輝，以及永豐餘等十一檔個股，目前納入摩根權值股的個股，已增加至一百檔。

表6 台灣五十最新成份股一覽表

中文名稱	發行在外流通股數	成份股權值比重
臺積電	20,112,717,685	14.16%
聯電	16,095,386,956	5.54%
鴻海	2,757,198,871	4.55%
國泰金	8,307,489,100	3.97%
臺灣塑膠	4,806,817,520	3.77%
南亞塑膠	6,587,348,292	3.67%
友達	4,352,237,241	3.51%
中國鋼鐵	9,407,012,827	3.46%
開發金	11,307,726,637	3.32%
富邦金	8,291,437,344	3.30%
中信金	5,496,199,967	3.25%
兆豐金	11,490,793,854	3.21%
奇美電	3,228,746,926	2.71%
臺灣化纖	4,514,996,425	2.67%
聯發科	641,547,256	2.36%
華碩	2,281,740,000	2.25%
仁寶	3,235,254,420	2.14%
中華電信	9,647,724,900	1.83%
台新金	3,756,113,277	1.74%
第一金	5,551,504,416	1.69%
華南金	4,728,503,594	1.65%
宏碁	2,073,699,806	1.58%
廣達	2,796,027,119	1.57%
華映	6,590,862,904	1.54%
光寶科	2,247,690,579	1.28%

中文名稱	發行在外流通股數	成份股權值比重
明基	2,067,161,230	1.19%
中環	3,225,944,290	1.14%
台灣大哥大	4,682,790,852	1.12%
廣輝	3,594,140,817	1.10%
建華金	3,748,127,000	1.09%
彰銀	4,809,475,600	1.08%
日月光	3,580,280,000	1.01%
寶成工業	1,877,469,563	0.99%
華新麗華	3,266,067,276	0.85%
華邦電	4,425,297,193	0.84%
台達電	1,480,273,000	0.82%
遠東紡織	3,596,296,331	0.81%
統一企業	3,395,097,800	0.81%
台塑化	7,840,000,000	0.75%
矽品	1,885,173,683	0.74%
南科	3,521,175,824	0.67%
凌陽	777,504,000	0.62%
裕隆汽車	1,371,216,258	0.62%
新光金	2,377,155,350	0.57%
中華汽車	1,336,703,151	0.52%
威盛	1,270,446,700	0.49%
長榮	2,146,877,750	0.45%
陽明	1,946,706,501	0.44%
統一超商	858,499,472	0.33%
華航	2,848,928,758	0.23%

資料來源：台灣證券交易所

表 7　金融控股公司股本及總資產一覽表

金融控股公司名稱	集團總資產(單位億元)	股本(單位：億元)	92 年稅後損益(單位：億元)	92 年稅後EPS(單位：元)	子公司
第一金融控股公司	15,027	555	-128.27	-2.58	第一銀行、明台產險、一銀證券、建弘證投信
兆豐金融控股公司	16,726	1142	184.05	1.87	交通銀行、倍利國際證券、中興票券、中國國際商業銀行、中國產險、兆豐國際證投信
華南金融控股公司	14,001	472	100.31	2.12	華南銀行、華南永昌證券、華南產險、華南票券、華南永昌證投信
國票金融控股公司	1,816	211	29.02	1.37	國際票券、國票綜合證券
日盛金融控股公司	2,427	225	-4.83	-0.23	日盛證券、日盛銀行
復華金融控股公司	2,887	289	24.54	0.85	復華證金、復華證券、復華銀行、復華期貨、金復華證投顧、金復華投信
富邦金融控股公司	12,581	825	140.02	1.8	富邦銀行、富邦證券、富邦產險、富邦人壽、富邦證投信、台北銀行
國泰金融控股公司	21,700	830	205.89	2.69	國泰人壽、國泰世紀產險、國泰銀行、世華銀行
新光金融控股公司	6,500	242	52.3	2.35	新光人壽、新壽證券、新壽保險經紀人公司
玉山金融控股公司	3,190	250	45.68	2.15	玉山銀行、玉山證券、玉山票券、玉山創業投資公司、玉山保險經紀人公司
台新金融控股公司	5,889	366	75.84	2.25	台新銀行、台新票券、台證證券、台新資產管理公司、台新行銷顧問公司
中華開發金融控股公司	2,618	1125	-128.54	-1.38	中華開發工業銀行、大華證券
建華金融控股公司	4,741	374	42.01	1.2	建華銀行、建華證券、安信信用卡公司
中國信託金融控股公司	13,590	549	77.16	1.42	中國信託商業銀行、中信銀綜合證券、中信保險經紀人公司、中信創投公司、中國信託資產管理公司

資料來源：財政部

表 8　中國前後兩次實施「宏觀調控」之總體客觀環境比較

項　目	1993 年	2004 年
領導人	朱鎔基	溫家寶
GDP	3.138 兆人民幣（約合 7600 億美元）	2003 年 11.6694 兆人民幣（約合 1.4 萬億美元）
世界經濟排名	N.A	6
貿易總額	1958 億美元	8512 億美元
世界貿易排名	11	4
佔世界貿易比重	2.69％	5.58％
實際利用外來投資金額	367.7 億美元	535 億美元
外來投資金額佔世界排名	2（僅次於美國）	2（僅次於美國）
外匯存底	212 億美元	4033 億美元
存款牌告利率	11％	1.616％
經濟成長率	92 年爲 19.3％ 93 年爲 15.8％	1Q 爲 9.7％ 2Q 預估爲 11％ 上半年預估爲 10％
通貨膨脹率	近 20％	2 月 2.8％ （全年預估 5％）
投資成長率	61.8％	26.6％
成 效	通膨率 1995 年回跌到 14.8％，1997 年達 5％，經濟成長率回穩至 9％。	預計年經濟成長率可控制在 7％。
實施政策	1.控制全年貨幣發行量。 2.嚴格控制信貸總規模。 3.糾正違章拆借資金。 4.制止亂集資。 5.限期完成國庫券發行。 6.提高存放款利率。 7.正在建設項目進行審批排隊。 8.嚴格控制新開工項目。 9.稅收徵管 10.外匯改革。	1.嚴格控制新開工項目，認眞清理在建項目。 2.加強金融調控和信貸管理，適度控制貨幣信貸增長。 3.嚴格管理土地，深入開展土地市場治理整頓。 4.嚴格查處重大違規的經濟案件。 5.加強經濟運行調節，確保煤電油運和重要原材料供需銜接。 6.加強農業和糧食生產，做好糧食市場調控。 7.加強市場物價監管，依法打擊擾亂市場秩序行爲。 8.大力開展資源節約活動，推進節約型社會建設。

表9　二○○三年迄今中國「宏觀調控」相關訊息與政策

時間	事件	影響
2003/06/23	頒佈121號文件，嚴格限制貸款成數及利率。	國防景氣指數略有滑落
2003/09/12	頒佈18號文件	因限制較121號寬鬆，市場視爲利多，房地產投機熱未減
2003/09/21	上調1%存款準備金率	人行直接凍結1500億人民幣資金。透過貨幣乘數效果，收縮市場資金4100～5500億人民幣
2004/03/12	溫家寶總理於人代會致詞，表達對大陸過度投資與通貨膨脹情勢的憂心	
2004/03/25	調高重貼現率0.27％，從2.97％調升到3.24％	
2004/04/24	胡錦濤在博鰲論壇開幕式上致詞宣示將採取「宏觀調控」，避免經濟過熱	
2004/04/25	上調0.5%存款準備金率	人行直接凍結1100億人民幣資金。透過貨幣乘數效果，收縮市場資金約3000～4000億人民幣
2004/04/26	中共召開中央政治局會議，經濟過熱與降溫措施爲主要議題	
2004/04/28	1.國務院提高鋼鐵、水泥、電解鋁、房地產自由資產比例限制 2.提高上述行業之授信門檻 3.對上述行業採行授信總會管制	大陸A、B股及香港H股的相關類股，及紐約、倫敦銅期貨皆應聲下跌，LME3月期銅價更出現重挫。
2004/04/28	溫家寶接受路透專訪，明確表達對大陸經濟過熱憂心，不排除將採取「強有力」措施降溫	亞洲股市繼續全面重挫
2004/04/28	傳銀監會下令各銀行五一前夕暫暫停發放貸款	
2004/04/28	國務院要求提高鋼鐵、電解鋁、水泥與房地產固定資產投資項目資本金比率	
2004/04/28	溫家寶主持江蘇鐵本鋼鐵廠違規投資案，並嚴懲當地官員與負責人	
2004/04/29	銀監會下令暫緩四大行業新投資項目審批作業	亞洲股市繼續全面重挫
2004/04/30	鎖定鋼鐵、鋁業、水泥、高爾夫球場、貿易中心、大型購物中心、會議中心等新投資，重新檢討投資許可。 評估完畢後分爲終止、暫停、取消和繼續執行四類。	亞洲股市繼續全面重挫
2004/05/15	銀監會預計執行第二階段授信監控。	

BIG叢書 139

從20萬到10億——張松允的獨門投資術

作　　者—張松允
文字整理—馮志源、蔡沛恆
主　　編—陳旭華
編　　輯—李育琴
活動企劃—王志光
美術編輯—姜美珠
總 編 輯—余宜芳
董 事 長—趙政岷
出 版 者—時報文化出版企業股份有限公司
10819台北市和平西路三段二四〇號三樓
發行專線—(〇二)二三〇六—六八四二
讀者服務專線—〇八〇〇—二三一—七〇五・(〇二)二三〇四—七一〇三
讀者服務傳眞—(〇二)二三〇四—六八五八
郵撥——一九三四四七二四　時報文化出版公司
信箱—10899臺北華江橋郵局第99信箱
時報悅讀網—http://www.readingtimes.com.tw
電子郵件信箱—liter@readingtimes.com.tw
法律顧問—理律法律事務所　陳長文律師、李念祖律師
印　　刷—勁達印刷有限公司
初版一刷—二〇〇四年六月二十一日
初版三十八刷—二〇二四年三月十四日
定　　價—新台幣三〇〇元

時報文化出版公司成立於一九七五年，
並於一九九九年股票上櫃公開發行，於二〇〇八年脫離中時集團非屬旺中，
以「尊重智慧與創意的文化事業」為信念。

從20萬到10億 ： 張松允的獨門投資術 ／張松允著．-- 初版．-- 臺北市：時報文化，2004〔民93〕
面：　公分．-- (Big叢書：139)

ISBN 978-957-13-4132-0（平裝）

1. 投資　2. 理財

563　　93009378

ISBN 978-957-13-4132-0
Printed in Taiwan